DO ABUSO DE DIREITO AO ABUSO DE PODER

ROBERTO ROSAS

DO ABUSO DE DIREITO AO ABUSO DE PODER

MALHEIROS EDITORES

Do Abuso de Direito ao Abuso de Poder
© ROBERTO ROSAS

ISBN: 978.85.392.0085-6

Direitos reservados desta edição por
MALHEIROS EDITORES LTDA.
Rua Paes de Araújo, 29, conjunto 171
CEP 04531-940 – São Paulo/SP
Tel.: (11) 3078-7205 – Fax: (11) 3168-5495
URL: www.malheiroseditores.com.br
e-mail: malheiroseditores@terra.com.br

Composição
Acqua Estúdio Gráfico Ltda.

Capa
Criação: Vânia L. Amato
Arte: PC Editorial Ltda.

Impresso no Brasil
Printed in Brazil
07.2011

SUMÁRIO

1. DIREITO E PODER 11

2. ABUSO DE DIREITO
   2.1 Exercício regular do direito 14
   2.2 Direito e colisão de direitos 20

3. ASPECTOS DO ABUSO DE DIREITO
   3.1 Abuso do direito de demandar 21
   3.2 Abuso de direito na propriedade. Condomínio e
       incorporações 27
   3.3 Direito de família. Alimentos. Guarda de filhos 32
   3.4 Direito autoral e propriedade industrial 33
   3.5 Exercício da Advocacia 35
   3.6 Contratos 36
   3.7 Direito comercial 43
   3.8 Locação 54
   3.9 Contrato de trabalho 55
   3.10 Direito do consumidor 56

4. CONSEQUÊNCIAS DOS ATOS PRATICADOS COM ABUSO DE DIREITO.
   RESPONSABILIDADE CIVIL. INDENIZAÇÃO 59

5. ABUSO DE DIREITO E ABUSO DE PODER. DESVIO DE PODER 61

6. LIMITES DO ABUSO DE PODER 66

7. O ABUSO DO PODER NOS VÁRIOS RAMOS JURÍDICOS
   7.1 Direito administrativo. Poder discricionário e poder de polícia 69
   7.2 Direito penal 72
      7.2.1 O abuso de poder caracterizado como circunstância agravante da pena 73
      7.2.2 O crime cometido com abuso de poder e as penas restritivas de direitos 74
      7.2.3 O aumento da pena em decorrência do abuso de poder 74
      7.2.4 O crime praticado com abuso de poder na órbita da Administração 75
   7.3 Direito processual 80
   7.4 Direito tributário 84
   7.5 Direito eleitoral 88
   7.6 Direito Internacional 89
   7.7 Abuso do poder eclesiástico 90

8. ABUSO DO PODER NOS ATOS DOS PODERES EXECUTIVO E LEGISLATIVO. MINISTÉRIO PÚBLICO
   8.1 Intervenção federal 91
   8.2 Estado de defesa e estado de sítio 92
   8.3 "Impeachment" 96
   8.4 Comissões Parlamentares de Inquérito/CPIs 98
   8.5 Desapropriação 102
   8.6 Ministério Público 105

SUMÁRIO

8.7 Expulsão e extradição 106
8.8 Abuso de autoridade 107

9. ABUSO DE PODER NO DIREITO COMPARADO
9.1 França 110
9.2 Itália 111
9.3 Portugal 112

10. ABUSO DO PODER ECONÔMICO 114

11. ABUSO DOS DIREITOS POLÍTICOS 115

12. CONSEQUÊNCIAS DOS ATOS PRATICADOS COM ABUSO DE PODER ... 116

BIBLIOGRAFIA BÁSICA 119

ÍNDICE ALFABÉTICO-REMISSIVO 123

"Encontra-se a liberdade política unicamente nos Governos Modernos. Mas ela nem sempre existe nos Estados moderados; só existe nesses últimos quando não se abusa do poder; mas a experiência eterna mostra que todo homem que tem poder é tentado a abusar dele; vai até onde encontra limites. Quem o diria! A própria virtude tem necessidade de limites.

"Para que não se possa abusar do poder é preciso que, pela disposição das coisas, o poder freie o poder. 'Uma Constituição pode ser de tal modo que ninguém será constrangido a fazer coisas que a lei não obriga e a não fazer as que a lei permite'." (Montesquieu, *O Espírito das Leis*, Livro XI, Capítulo IV).

O cidadão não teme o poder do Estado quanto à circulação individual. Não teme constrangimento físico, não se preocupa com o seu ir e vir, porque os instrumentos da salvaguarda desses direitos (v. "habeas corpus") já estão consagrados na sociedade, muito mais que ao tempo da sua criação e consagração, em decorrência de períodos obscuros, como aqueles nos quais os direitos individuais são conspurcados. Nesse tema, direito à proteção física e à circulação, apenas há o temor do despotismo, ou dos extremismos, como naqueles Estados das "férias da legalidade", ou naqueles momentos obscuros onde os direitos são esquecidos.

Mas o indivíduo preocupa-se com o poder do Estado (administrativo, tributário etc.) e o seu abuso. Esse, sim, está na pauta diária dos indivíduos.

1
DIREITO E PODER

Se a autoridade pretende entrar em uma casa para socorrer vítimas, ela pode encontrar dificuldades para arrombar a porta. Mas, unindo-se a outros indivíduos, poderá superar o obstáculo. Diz-se, por isso, que esse grupo tem força, singularizada no poder dessa penetração, poder *lato sensu* sociológico, que é a capacidade individual ou grupal. Todo grupo social – família, clã, tribo, Estado – é uma organização do poder para realização de uma vontade, ainda que tenha de vencer a resistência oposta (Miguel Reale, *Teoria do Direito e do Estado*, p. 106).

Para Burdeau o poder é a própria regra em sua plenitude, fundindo-se na ideia de direito; declarando, mais, que o poder é necessário à realização do direito positivo. Porém, sua posição não se identifica com a de outros autores. Reale objeta o ponto do Mestre francês, não compreendendo como ele pode partir de posição realista para chegar a conclusão insustentável, equivalente à tese de Kelsen sobre soberania como expressão da validade da ordem normativa (Miguel Reale, *Teoria do Direito e do Estado*, cit., p. 95).

A aquisição ou o exercício do poder são condicionados por formas psicológicas, físicas ou intelectuais do indivíduo que tem o poder (podemos observar a conotação entre autoridade e poder, podendo ocorrer este sem aquela e vice-versa; razão pela qual a pessoa exercerá o poder mais intensamente em vista de sua palavra fluente, de sua persuasão, de sua beleza física, de sua atuação pessoal ou do respeito intelectual; assim, o poder será exercitado mais ou menos intensamente devido a fatores exógenos, nem sempre dependentes do agente do poder). Burdeau considera o Estado o titular abstrato e permanente do poder, os governantes não sendo senão os agentes do exercício desse poder. Os agentes do poder procuram aliados para a consecução de seus objetivos, através das organizações partidárias, das confrarias religiosas, das sociedades secretas. Porém, essa agregação ou união não se baseia senão em princípios e *modus faciendi* próprios daquele agrupamento ou união, a fim de atingir os objetivos colimados no uso do poder.

Para que haja hierarquia, condicionamento ou sujeição é necessária a "estrutura do poder", na acertada expressão de Timasheff (*A Introduction to the Sociology of Law*, p. 172). E esta estrutura não só vemos nas sociedades menores como nas maiores. Exemplos clássicos encontramos na história da Humanidade, de indivíduos sectários de determinadas facções ideológicas procurando dominar outros povos (Alemanha nazista; Itália fascista).

O poder atraente induz o indivíduo ao exercício ilimitado da força do poder (Hobbes, *Leviatã* I, 10 e 14). Mas a sociedade precisa da estrutura do poder e do exercício da força do poder para que haja controle social e imposição de condições aos indivíduos no exercício de suas atividades. Porém, há limitação ao poder, necessária ao equilíbrio social. O poder ilimitado torna-se despótico e incoercível, sobrepujando os indivíduos, espezinhando-os, tutelando-os exageradamente, causando a revolta e a insatisfação. Não nos esquecendo de *Lord* Acton, para quem o poder tende a corromper, e o poder absoluto corrompe absolutamente. Já Miguel Reale expressa a impossibilidade da existência da positividade jurídica sem poder, porque, logicamente, muitos são os sistemas de Direito que se equivalem, decorrendo de motivos metajurídicos a preferência por um ordenamento, com exclusão de outros.

É necessária a existência de condicionamentos, de freio, aos possíveis exageros e exacerbações, através do Direito, da norma jurídica existente para o agente e o sujeito do poder, mantenedora da continuidade e estabilidade da ordem social. Para Luis Legaz y Lacambra a positividade é condicionada pelo poder, e o poder que positiva é o poder soberano (*Introducción a la Ciencia del Derecho*, p. 253); ao contrário do pensamento de Kelsen, para quem a norma fundamental idealizada pelo jurista é que positiva o Direito (*Teoría General del Estado*, p. 318).

É necessário assegurar defesa ao indivíduo diante do poder quando este é excedido ou abusado, para que a sociedade viva em perpétuo e constante respeito; sem, no entanto, impedir o exercício legal do poder.

Fixemos, portanto, a ideia de Burdeau quanto ao significado do poder:

"Le pouvoir est une force au service d'une idée.

"C'est une force née de la volonté sociale, destinée à conduire le groupe dans la recherche du bien commun.

"Et capable, le cas échéant, d'imposer aux membres l'attitude qu'elle commande" (*Traité de Science Politique*, t. IV, 1.216).

2
ABUSO DE DIREITO

2.1 Exercício regular do direito. 2.2 Direito e colisão de direitos.

2.1 Exercício regular do direito

(a) Não se pode abstrair das concepções de direito e poder o seu exercício. Os limites da atuação do sujeito na utilização desse direito ou desse poder. Também não se pode esquecer dos excessos que advirão desse exercício.

Os chamados *direitos subjetivos* não são absolutos; portanto, não podem ser exercidos arbitrariamente, com qualquer intenção. Eles têm fim útil.

Nem sempre ocorre o bom exercício do direito, e ele é exercido de modo anormal.

No direito subjetivo a pessoa tem assegurado o agir ou reagir. Já no poder jurídico a vontade do titular está subordinada ao interesse do sujeito passivo da relação.

A normalidade no exercício do direito é a regra. Mas o exercício anormal é constante, e deve ser observado.

Em Jeremias Bentham, o filósofo do Positivismo inglês, a Ética era a arte da procura da maior quantidade de prazeres para o maior número de homens. Com esse chamado *Utilitarismo*, o homem está entre o Bem e o Mal, inseparáveis, escolhendo-se o melhor ou mais útil; de forma que esta utilidade é a base e a medida da moralidade. Por isso, no Utilitarismo de Bentham encontra-se a concepção do chamado *abuso do direito*.

(b) Caracteriza-se o exercício anormal pelo prejuízo desejado pelo sujeito, ou o exercício anormal caracteriza-se pelo prejuízo independentemente da vontade do sujeito?

Para definir o exercício anormal, alguns atendem à intenção do agente, o prejuízo deliberado a terceiros (assim pensam Demogue, Roberto Ruggiero, Henri Lalou). São os chamados "subjetivistas", e mais recentemente Jean Carbonnier, assinalando que o critério do abuso do direito pode ser tirado do fim perseguido. Há abuso se o titular do direito o exerceu sem outro interesse se não o de causar dano a outrem, (Jean Carbonnier, *Droit Civil*, vol. 4, 1969, p. 337).

(c) Numa orientação mais moderna, o exercício anormal pode se caracterizar sem a intenção de prejudicar. Não havendo proveito próprio, ou com a intenção de prejudicar, não há anormalidade (orientação de Saleilles e Josserand). Ou, como diz Santiago Dantas, o que qualifica o abuso é o aspecto objetivo do ato, e se este patenteia sua antissocialidade existe abuso, e cabe repressão (*O Conflito de Vizinhança e sua Composição*, 2ª ed., 1972, p. 105).

Saleilles foi o criador da teoria do exercício anormal do direito, repelindo o critério psicológico do Código alemão, no qual o exercício de um direito é inadmissível se ele tiver por fim, somente, causar dano a outro (*BGB*, § 226); em contraposição a outro dispositivo do *BGB* que impõe a indenização do dano a quem, de modo atentatório aos bons costumes, cause, dolosamente, dano a outro (*BGB*, § 826). Aqui se entende não somente que o dano causado pode ser a violação de um dever jurídico, ou do exercício de um direito. Saleilles, em face da autonomia desses dispositivos, proclamou a teoria objetivista da destinação social e econômica do direito. Para ele, o abuso consiste no exercício anormal do direito, exercício contrário à destinação econômica ou social do direito subjetivo, exercício reprovado pela consciência pública (*Théorie Générale de l'Obligation*, 2ª ed., 371). Mas o próprio Saleilles alterou seu pensamento, para adotar a teoria subjetivista (*L'Abus du Droit*). A melhor orientação está na fusão das duas doutrinas, formando a chamada "doutrina mista".

(d) O Código Civil de 1916 (art. 160, I) e o de 2002 (art. 188, I) – adotaram a linha de Saleilles quando excluiu dos atos ilícitos o exercício normal do direito, isto é, o praticado no exercício regular de um

direito (art. 160, I). Clóvis Beviláqua foi criticado porque não enfrentava o problema do abuso do direito, e o Código nascia velho (v. Alvino Lima, "Abuso de direito", in Carvalho Santos (dir.), *Repertório Enciclopédico do Direito Brasileiro*, vol. I). Clóvis mostrou que, *a contrario sensu*, se não constitui ato ilícito o praticado no exercício regular de um direito reconhecido logo, o praticado em exercício não regular de um direito constitui abuso. O Projeto seguia as pegadas de Saleilles, para quem o abuso de direito está no uso anormal desse direito. Como frisou Clóvis, a consciência pública reprova o exercício do direito do indivíduo quando contrário ao destino econômico e social do direito, em geral. A intenção de prejuízo ocorre mesmo que os motivos sejam lícitos – como, por exemplo, a construção de uma parede que tira a vista ou passagem.

Ao interpretar o dispositivo do Código Civil brasileiro de 1916, expõe Pontes de Miranda: "A regra jurídica brasileira impõe-se ao intérprete como regra jurídica preexcludente: se há dano, o que exercia direito comete ato ilícito, salvo se 'regularmente' o exercia; donde o ônus da prova, no Direito Brasileiro, ir ao culpado do dano, e não ao que o sofreu, pois a esse somente incumbe provar o dano e a culpa, apontando a contrariedade a direito" (*Tratado de Direito Privado*, t. 2, § 185).

Comparando com o Direito Alemão, coteja Pontes de Miranda: "O que alega ter sido o ato praticado no exercício regular do direito é que tem de provar esse exercício e essa regularidade. É exatamente o contrário do que ocorre no Direito Alemão: nesse, o que prova ter exercido direito, causando dano (ao lesado cabe prová-lo, como em Direito Brasileiro), não precisa provar que tal exercício foi regular" (*Tratado de Direito Privado*, t. 2, § 185, item 2).

(e) No Anteprojeto de Código de Obrigações (1941) estabeleceu-se a reparação do dano causado por excesso no exercício de direito, excesso dos limites do interesse protegido ou da boa-fé (art. 156). Seguiu-se a linha do Direito Italiano, onde não se faz menção ao abuso de direito como espécie de ato ilícito. Isto porque o direito subjetivo corresponde à boa-fé e à correção; ao contrário, não constituem direitos subjetivos, estão fora do direito, e por isso são ilícitos. No entanto, o Código Civil aproxima-se desta orientação ao considerar ilícito o ato quando o titular exerce seu direito excedendo os limites impostos pela boa-fé (art. 187).

É a teoria do excesso no exercício do direito, e não o abuso – aliás, já expressa no Brasil, na *Consolidação das Leis Civis*, de Carlos de Carvalho (art. 1.029). Os atos que não correspondem à boa-fé não estão contidos no direito subjetivo; por isso, constituem um excesso do direito, como bem explica, em relação ao Direito Italiano, Santoro-Passarelli (*Dottrine Generali del Diritto Civile*, § 16). Em última análise, é a ideia moral da solidariedade humana, a ser preservada, num recuo a Cícero – *summum jus*, *summa injuria*. Aliás, observa Karl Larenz que a partir do princípio fundamental da boa-fé desenvolveu-se a teoria do abuso do direito (*Metodologia da Ciência do Direito*, p. 484).

O Código Civil inscreveu no capítulo dos atos ilícitos a repressão ao abuso de direito. Diz o art. 187: "Também comete ato ilícito o titular de um direito que, ao exercê-lo, excede manifestamente os limites impostos pelo seu fim econômico ou social, pela boa-fé ou pelos bons costumes".

Essa redação sofreu críticas de Caio Mário da Silva Pereira: "(...) pretendendo ser avançado, mostrou-se em verdade tímido. Abraçou, sem dúvida, a ideia de repressão ao abuso de direito, que entretanto é muito mais amplo que o excesso praticado em relação ao fim econômico ou social, à boa-fé e bons costumes. A noção de abuso de direito, cujas raízes se implantam no Direito Romano, na ideia de um enunciado que faz do *summum jus* o equivalente à *summa injuria*, tende a expandir-se, merecendo a repressão da Justiça" (*Revista do Instituto dos Advogados Brasileiros* 20/22).

É a orientação de Saleilles, o definidor do abuso de direito como o exercício anormal do direito, em oposição à destinação econômica ou social do direito subjetivo (*Étude sur la Théorie Générale de l'Obligation d'Après le Premier Projet de CC pour l'Empire Allemand*, 1914, nota 310). Nessa linha, o Código Civil tende a Saleilles, por uma parte, e pela outra ao Código suíço (art. 2º) e ao Código português (art. 334º). O Código Civil da Rússia, de 1923, art. 1º, expressava o abuso quando os direitos fossem exercidos num sentido contrário ao seu fim econômico e social.

Deste ponto Louis Josserand construiu a teoria teleológica do abuso de direito. O titular do direito viola o normal exercício desse direito raiando pela ilegalidade. Há necessidade de examinar o escopo pretendido pelo titular. Se ele é legítimo, normal o exercício; se há afastamento, então, haverá o abuso. Aí está, em remate, Josserand (*De l'Esprit des*

Droits et de la Relativité – Théorie Dite de l'Abus des Droits, 2ª ed., Paris, 1939).

A concepção teleológica, contraposta à objetiva, pode conduzir ao subjetivismo no exame da ação do titular, tanto que o Código Civil italiano abandonou essa posição.

(f) A teoria da *aemulatio*, de grande voga no Direito Medieval, caracterizava o ato emulativo, o praticado no exercício do próprio direito com a finalidade de causar prejuízo a outrem, sem proveito para o agente (Coelho da Rocha, *Direito Civil Português*, § 49). Baseava-se num critério subjetivista, onde a intenção maliciosa era a característica.

(g) Essa tendência cedeu posição para o critério objetivista do abuso do direito, que suplantou a teoria da *aemulatio* (Orozimbo Nonato, *Da Coação como Defeito do Ato Jurídico*, 1957, p. 166).

(h) No Direito Comparado, o Código Civil português (1966), ainda nas linhas de Saleilles, considera ilegítimo o exercício de um direito quando o titular excede manifestamente os limites impostos pela boa-fé, pelos bons costumes ou pelo fim social ou econômico desse direito (art. 334º). Também a Constituição japonesa não fica longe da ideia de exercício, em norma programática, assegurando a liberdade e os direitos, abstendo-se o povo de qualquer abuso dessas liberdades e direitos, e sempre se responsabilizará pela utilização dos mesmos em prol do bem público (art. 12).

(i) No Direito Português adotou-se a concepção objetiva do abuso do direito. Como acentua Almeida Costa, não é precioso que o agente tenha consciência da contrariedade do seu ato à boa-fé, aos bons costumes; basta que esse ato se mostre contrário. O titular do direito deve ter excedido manifestamente esses limites impostos ao seu exercício (*Direito das Obrigações*, Coimbra, 1968, p. 29).

Não se confunda *ilegalidade* com *abuso de direito*. No primeiro caso caracteriza-se a violação da lei, ao passo que no abuso do direito há exercício do direito de modo anormal, bem como a fraude à lei, que ocorre quando há norma cuja proibição é afrontada. Há a superação de uma norma, que é usada para fim diferente. Cabe, ainda, confrontar a *omissão* com o *abuso*, quando a liberdade de se abster pode ser abusiva. Exemplo: a omissão do proprietário em não reformar ou manter o prédio em condições de não prejudicar terceiros.

Ripert assinalou a distinção pelas características de cada caso: o abuso de direito é a intenção delitual que motiva o ato, enquanto a ilegalidade é o ato contrário à lei (*O Regime Democrático e o Direito Civil Moderno*, ed. brasileira, 1937, p. 230; v. também: Giorgianni, *L'Abuso del Diritto nella Teoria della Norma Giuridica*, Milão, 1963; Rescigno, "L'abuso del diritto", *Rivista di Diritto Civile* I/205, 1965; Natoli, "Note preliminari ad una teoria dell'abuso del diritto nell'ordinamento giuridico italiano", *Rivista Trimestrale di Diritto e Procedura Civile*, 1958, p. 18).

Exemplifiquemos: a lei limita a cobrança de juros a 12%; acima desse limite há ilegalidade. Suponhamos que a lei fosse revogada e houvesse liberação dos juros, e o mutuante cobrasse 30% ou 40%. Aí, haveria abuso.

Para o *Digesto*, aquele que usava de seu direito não causava dano a alguém (*nullus videtur dolo facere qui suo jure utitur*). Mas Cícero apostrofava: *summum jus, summa injuria*.

Na Lei das Sete Partidas outra não era a orientação: "Non face tuerto a otro quien usa de su derecho" (Alvino Lima, "Abuso de direito", cit., in Carvalho Santos (dir.), *Repertório Enciclopédico do Direito Brasileiro*, vol. I, p. 193; Everardo da Cunha Luna, *Abuso de Direito*, Rio de Janeiro, Forense, 1959).

A responsabilidade do agente baseada no aspecto subjetivo vai ser verificada pelo abuso do direito quando seu exercício se caracteriza pela intenção de prejudicar (Bufnoir, Baudry-Lacantinerie, Demolombe).

Se o exercício do direito causa dano a alguém, ainda que não se destinasse a isso, o dano causado deve ser indenizado, independentemente de se pesquisar a vontade do agente. O caráter objetivo impõe a obrigação de indenizar (Josserand; Saleilles).

Uma terceira corrente justapõe os dois elementos: subjetivo e objetivo. O objetivo seria causar prejuízo, com a intenção (Chironi, Huc).

Como acentua Adriano De Cupis, o exercício abusivo do direito, em realidade, designa uma forma de ilícito (*Il Danno*, 2ª ed., vol. I, p. 32). Veja-se o exercício anormal de um direito, quando o agente coage – e, portanto, afasta se do direito. Ainda que jurídico, muitas vezes o ato do coator é abusivo (Sílvio Rodrigues, *Dos Vícios de Consentimento*, São Paulo, Saraiva, 1979, p. 274).

2.2 Direito e colisão de direitos

A discussão sobre a diferença entre *abuso de direito* e *colisão de direito* nasceu no trabalho de Desserteaux ("Abus du droit ou conflits de droit", *Revue Trimestrielle de Droit Civil* V/119, 1906), também estudada por Gaston Morin (*La Révolte du Droit Contre le Code*, Paris, 1945, p. 105).

A *colisão de direitos* consiste na ofensa causada por um direito sobre outro. O direito subjetivo tem diante de si outro direito, ambos válidos e absolutos. Um direito sobrepõe-se ao outro, num conflito, com aplicação de princípios em oposição, porém certos. Exemplifique-se: o direito do locador de retomar o imóvel e o direito do locatário de não abandonar o imóvel se estiver com a saúde debilitada, e impossível a remoção, em perigo de vida.

A aparente inutilidade da distinção entre *abuso de direito* e *colisão de direitos* está superada pelo art. 335º do CC português:

"1. Havendo colisão de direitos iguais ou da mesma espécie, devem os titulares ceder na medida do necessário para que todos produzam igualmente o seu efeito, sem maior detrimento para qualquer das partes.

"Se os direitos forem desiguais ou de espécie diferente, prevalece o que deva considerar-se superior."

Há distinção entre *abuso de direito* e *colisão de direitos* ainda que em ambos haja conflito de interesses.

Como bom exemplo, vejam-se o direito de propriedade do pai sobre o imóvel da família e o direito do filho de visita à mãe, acamada nesse imóvel, porém com proibição de entrada pelo pai (José Carlos Barbosa Moreira, "Abuso de direito", *Revista Trimestral de Direito Civil* 13/97).

3
ASPECTOS DO ABUSO DE DIREITO

3.1 Abuso do direito de demandar. 3.2 Abuso de direito na propriedade. Condomínio e incorporações. 3.3 Direito de família. Alimentos. Guarda de filhos. 3.4 Direito autoral e propriedade industrial. 3.5 Exercício da Advocacia. 3.6 Contratos. 3.7 Direito comercial. 3.8 Locação. 3.9 Contrato de trabalho. 3.10 Direito do consumidor.

3.1 Abuso do direito de demandar

O Estado mantém o sistema judiciário para atender às postulações daqueles que se acham prejudicado em seu direito. Por isso, o Código Civil de 1916 assegurava que a cada direito corresponde uma ação que o assegure (art. 75 – artigo sem correspondência no Código de 2002).

Em decorrência, há de se observar o respeito à legitimidade da postulação, para que não se torne maléfica à outra parte, porque o abuso também atinge o Estado, como observa Lopes da Costa (*Direito Processual Civil*, vol. I, p. 312). A invocação injustificada ou maliciosa dos órgãos jurisdicionais autoriza reprimir-se o abuso de direito (José Olímpio de Castro Filho, *Abuso do Direito no Processo Civil*, 1960, p. 33; Planiol/Esmein, n. 582; Mazeaud, I, n. 591; Pontes de Miranda, *Comentários ao Código de Processo Civil*, vol. I, 1974, p. 382). O litigante vai a juízo sabendo não ter razão.

O Código de Processo Civil de 1939 considerou abuso de direito a demanda por espírito de emulação, mero capricho ou erro grosseiro, bem como a oposição maliciosa de resistência injustificada ao andamento do processo (art. 3º). O Código atual (1973) não repetiu as mesmas expressões, porém ampliou o conceito de *má-fé do litigante* (art. 17). De qualquer forma, unem-se duas características básicas do abuso de direito.

A má-fé está enleada com o dolo, isto é, o vício da vontade judicial – como diz Carnelutti. Ato praticado com intenção de causar dano ao adversário (Oscar da Cunha, *O Dolo e o Direito Judiciário*, p. 79).

O mero capricho vai da puerilidade à teimosia, desta à maldade insistente, à crueldade (Pedro Batista Martins, "Denunciação caluniosa – Responsabilidade civil dela decorrente – Abuso do direito de estar em juízo", *RF* 68/745, Rio de Janeiro, Forense).

O erro grosseiro pertence à ignorância indesculpável, dadas a matéria da lide e as ocupações ou especialidades do autor. O fazendeiro habituado a alienar terras, ao discutir as dimensões das suas glebas, confundir alqueire paulista com alqueire mineiro, o economista confundir fatos econômicos, etc., são situações indesculpáveis. Muitas vezes, no erro grosseiro, o abuso verifica-se sem intenção (José Olímpio de Castro Filho, *Abuso do Direito no Processo Civil*, cit., pp. 29 e 97). O erro grosseiro denuncia temeridade (STF, *RF* 133/118). Nem todo erro gera responsabilidade processual, como no caso da propositura de uma ação possessória em vez de outra (CPC, art. 920). O erro não se confunde com o engano da parte (STF, *RF* 148/179). O erro de direito pode conduzir ao abuso; no entanto, há que se perquirir sobre o alcance desse erro (José Olímpio de Castro Filho, *Abuso do Direito no Processo Civil*, cit., p. 133).

A violência, mais rara no âmbito processual, caracteriza-se pelo pedido de força dispensável, quando a parte tem meio mais brando para solver a questão.

A demanda temerária é fruto do abuso, da exorbitância, que causa prejuízo ao demandado. É a atitude do *improbus litigator*: o litigante vai a juízo sabendo não existir razão (José Olímpio de Castro Filho, *Abuso do Direito no Processo Civil*, cit., p. 91; Jean Carbonnier, *Droit Civil*, vol. 4, n. 97).

Eduardo Espínola admite a indenização decorrente da lide temerária, quando a vítima é levada à Justiça por queixa ou denúncia caluniosa, cuja inocência foi proclamada ("Lide temerária ou abuso de direito", in *Pandectas Brasileiras*, vol. I, p. 193). Há que se cuidar dessa tese radical. Nas questões calcadas em crime contra a honra seus efeitos são perniciosos ao acusado. No entanto, admite-se a ação reparadora, ainda que o acusado (sujeito ativo do crime) seja absolvido, finalmente. O Tribunal de Justiça de São Paulo/TJSP não considerou abusiva a representação à autoridade policial apontando fato verificado em sua materialidade, indicando os responsáveis aparentes pela sua prática. A absolvição final não indicou qualquer procedimento aleivoso ou imprudente (*RJTJSP* 9/53; acórdão do TJRJ, *RePro* 9/289).

Em todos os casos, há necessidade de pesquisar a intenção do agente (José Olímpio de Castro Filho, *Abuso do Direito no Processo Civil*, cit., p. 29; Paul Roubier, *Droits Subjectifs et Situations Juridiques*, 1963, p. 338), evitando-se o que Jean Carbonnier chamou de "obsessão possessiva".

Infelizmente, aumenta o número de demandas e defesas abusivas, levando o juiz a colaborar nessas atitudes – o que impõe a condenação do abuso do direito de demandar (João Carlos Pestana de Aguiar, *Comentários ao Código de Processo Civil*, 2ª ed., São Paulo, Ed. RT, 1977, p. 121; Paulo Henrique dos Santos Lucon, "Abuso do Exercício do Direito de Recorrer", *Aspectos Polêmicos e Atuais dos Recursos Cíveis*, n. 4, p. 873 e "Abuso de Direito de Defesa", ob. cit., p. 165; Luiz Guilherme Marinoni, *Tutela Antecipada*, 2ª ed., São Paulo, Ed. RT, p. 25).

Em relação ao arresto, afirma Pontes de Miranda: "Cabe, pois, a ação de perdas e danos pelo abuso de direito segundo os princípios gerais, e pela inovação de um direito que se não tinha" (*História Prática do Arresto*, 1929, p. 196).

O Min. Amaral Santos teve ensejo de abordar a relação entre a demanda regular e a lide temerária: "Os acórdãos apontados como divergentes concluem que o só fato de decair da demanda, regularmente processada, não fica o vencido sujeito à satisfação dos danos que andam anexos a todos os direitos, cumprindo que, a fim de a isso esteja sujeito, haja prova de sua má fé ou pelo menos culpa grosseira (*sic*). Segundo me parece, o abuso de direito no exercício da demanda (CPC, art. 3º) se caracteriza pelo dolo, no sentido de intenção de prejudicar, ou erro grosseiro, ou pelo espírito de aventura ou temeridade" (STF, RE 69.439, *RTJ* 56/129).

Diversa é a situação da demanda para cobrar dívida já paga, ocorrendo casos excepcionais, como o pagamento feito por terceiro e a cobrança feita novamente pelo credor (STF, RE 62.673, *RTJ* 43/420). Não é aplicável ao caso o art. 940 do CC, que diz: "Aquele que demandar por dívida já paga, no todo ou em parte, sem ressalvar as quantias recebidas ou pedir mais do que for devido, ficará obrigado a pagar ao devedor, no primeiro caso, o dobro do que houver cobrado e, no segundo, o equivalente do que dele exigir, salvo se houver prescrição".

No TFR, o Min. José Néri da Silveira assim abordou a questão: "Mandado de segurança – Abuso do direito de postular em juízo. Para os efeitos do art. 63 e seu § 2º do CPC, configura procedimento ilegal e temerário ajuizar o impetrante, no mesmo foro, à mesma época, petições de igual teor sobre idêntica matéria, tentando obter distribuição à Vara de sua preferência, desistindo de imediato do pedido nas demais Varas, após logrado o intento" (AMS 66.783, *DJU* 22.11.1971, p. 6.527).

Em expressivo acórdão o STF examinou interessante questão onde um devedor arguia abuso no exercício da demanda por parte do credor (RE 62.339, rel. Min. Aliomar Baleeiro). Tratava-se de empréstimo garantido por penhor pecuário que somente foi cobrado após insistentes providências do credor, diante da inércia do devedor e do descalabro na condução dos negócios realizados com o empréstimo. O devedor arguiu má-fé, sem dizer em quê ela consistia. Não se caracterizava a demanda por espírito de emulação, mero capricho ou erro grosseiro. Também não valia a derrota do credor em processo de reajustamento pecuário, pois, como afirmara Pedro Batista Martins, não basta a circunstância de decair da ação: é preciso que se demonstre o concurso de certas circunstâncias de fato, transparecendo a intenção de prejudicar (dolo), o erro grosseiro ou o espírito de aventura ou temeridade do autor (Pedro Batista Martins, *Comentários ao Código de Processo Civil*, 1ª ed., vol. I, n. 22; Caio Mário da Silva Pereira "Abuso de direito no exercício da demanda", *RF* 159/106, Rio de Janeiro, Forense; Sílvio Rodrigues, *Dos Vícios de Consentimento*, São Paulo, Saraiva, 1979, p. 275 – coação para exigir o indevido).

Invocava-se, na oportunidade, outro acórdão do STF onde se repetiu a consideração sobre o abuso de direito: se há direito aparente, propiciando uma demanda, se há *fumus boni juris*, uma aparência de direito, logo, não há abuso do direito de demandar (ERE 35.414). Em outra decisão a Suprema Corte considerou o abuso de direito de demandar consequência de dolo ou culpa anterior ao ingresso da parte em juízo, antes da constituição da relação processual e da lide. É sanção imposta ao autor movido por emulação, mero capricho ou erro grosseiro (RE 52.083, *DJU* 22.8.1963, p. 763).

No atual Código de Processo Civil o capítulo dos deveres das partes e de seus procuradores impõe comportamentos explícitos. Deverão proceder com lealdade e boa-fé; não formular pretensões, nem alegar defesa, cientes de que são destituídas de fundamento. São condutas éticas inerentes à demanda, balizando o direito das partes. O fato do direito de demandar não permite à parte desregramentos, nem abusos (Ovídio A. Baptista da Silva, *Comentários ao Código de Processo Civil*, Lejur, pp. 243-244 e 565).

O pleito da má-fé acarreta indenização por perdas e danos, em virtude dos prejuízos sofridos (art. 16). O Código de Processo Civil de Portugal (1961) considera litigante de má-fé não só o que tiver deduzido pretensão ou oposição cuja falta de fundamento não ignorava, como também o que tiver conscientemente alterado a verdade dos fatos ou omitido fatos essenciais e o que tiver feito uso manifestamente reprovável do processo ou dos meios processuais com o fim de conseguir objetivo ilegal ou de entorpecer a ação da Justiça ou de impedir a descoberta da verdade (art. 456).

A atuação do advogado no processo impõe determinadas regras de ordem técnica e ética. Como diz Calamandrei, a parcialidade dos patronos das partes acaba por tornar-se, no processo, o mais eficaz instrumento (Roberto Rosas, "O advogado no Código de Processo Civil", *Revista da Faculdade de Direito de Uberlândia* 5/529).

Da boa conduta do advogado surgirá a extirpação dos maus conceitos que possa sofrer a classe. O Código de Processo Civil impõe ao advogado o emprego de expressões condignas e não injuriosas, sob pena de advertência (art. 15). A má conduta acarretará as sanções disciplinares previstas no Estatuto, além das impostas pelo Código de Processo.

A conduta ética do advogado, postulando pelo bom direito, encaminha o cliente para não pleitear de má-fé. Se o fizer, o cliente será passível de responder por perdas e danos (art. 16). Mas o advogado também responde por despesas e perdas e danos se não ratificar os atos praticados sem procuração (art. 37, parágrafo único) (José Olímpio de Castro Filho, *Abuso do Direito no Processo Civil*, cit., p. 36; Jorge

Americano, *Do Abuso do Direito no Exercício da Demanda*, 2ª ed., 1932, p. 26).

Esse princípio da lealdade processual, previsto nas mais diversas legislações, não permite a alteração intencional dos fatos nem a má-fé. Assim, o Código de Processo italiano impõe a lealdade e a probidade ("doverà di comportasi in giudizio con lealtà e probità – art. 88) (J. J. Calmon de Passos, "Responsabilidade do exequente no novo Código de Processo Civil", *RF* 246/169, Rio de Janeiro, Forense). O Código procura prevenir o abuso do direito por quem tenha interesse em protelar o despacho das causas, antes que pleitear um direito com honestidade (Alcides de Mendonça Lima, *Probidade Processual e Finalidade do Processo*, ed. Vitória, p. 66).

Tema envolvente do âmbito processual está no silêncio da parte, em razão da obrigação de falar, como observa Serpa Lopes. A existência da abstenção culposa depende da preexistência da obrigação de agir (*O Silêncio como Manifestação da Vontade nas Obrigações*, 2ª ed., p. 148).

O Código de Processo Civil, ao tratar do depoimento pessoal da parte, considera confissão se a parte comparecer recusando-se a depor (art. 343 – art. 229 do CPC de 1939), porque compete à parte comparecer em juízo e responder ao que lhe for interrogado (art. 340, I). Requerida medida cautelar com abuso, responderá pelos prejuízos, independentemente da prova da má-fé (CPC, art. 811, I; *RTJ* 87/665).

O silêncio da parte não deve conduzir à confissão. Sabiamente, o Código de Processo Civil de Portugal deixa ao tribunal a apreciação da conduta da parte que não compareça (art. 357, n. 2). Vale ainda – e com os aplausos doutrinários – a sentença de Paulo: "Quem cala não confessa; apenas não nega" (*qui tacet non utique fatetur sed tamen verum est non negare – D. reg. iuris*, XVII, L. 142). A decorrência do silêncio não é, absolutamente, a confissão. Se a parte pode silenciar, e isto é permitido aos profissionais por motivos éticos, o juiz deve sopesar essa recusa. Apenas levará em conta o real abuso do direito de silenciar (v. Moacyr Amaral Santos, *Comentários ao Código de Processo Civil*, 2ª ed., vol. IV, Rio de Janeiro, Revista Forense, p. 96).

A condenação em custas e honorários advocatícios cobre o dano causado pelo abuso do direito de demandar? Não – já o afirmara Jorge

Americano. Essa condenação é forma de ressarcimento do efetivo gasto na demanda. Os outros prejuízos causados não são atingidos por essa condenação.

O abuso do direito de demandar traduz-se na pretensão obsessiva de postular contra tudo e contra todos. Vale lembrar Ihering: "Essa mania de demandar não é mais do que um desvario que causa a desconfiança ao seu sentimento de propriedade e que semelhante àquele que o ciúme produz no amor, dirige suas armas contra si mesmo e faz perder precisamente o que se queria conservar" (*A Luta pelo Direito*, Capítulo IV).

Veja-se a atuação do advogado (v., neste Capítulo 3, o item 3.5, "Exercício da Advocacia").

3.2 Abuso de direito na propriedade. Condomínio e incorporações

O homem na vida social relaciona-se com seus semelhantes. Essas relações são chamadas de "cooperação" ou de "concorrência".

As *relações de cooperação* resumem-se nos esforços combinados para a obtenção de um resultado comum. Assim, a compra e venda é um exemplo de relação de cooperação: vendedor e comprador colaboram para a consecução de um objetivo comum – o negócio, a venda.

Nas *relações de concorrência* cada um persegue idêntico objetivo sem colaboração. A relação entre vizinhos é uma relação de concorrência, porque não há ajuda entre eles. Há apenas o desejo de fruir o direito de propriedade. Este direito é concorrente. Mas nas relações jurídicas, ao lado do direito, há o dever. Se determinado proprietário tem o direito de propriedade, por outro lado, tem o dever, tem a obrigação, de obedecer à norma de comando – isto é, fazer ou não fazer determinada coisa segundo as normas jurídicas.

Se o vizinho se obriga a não construir mais alto que meu prédio, porque assim combinei, a fim de que eu não perca a visão panorâmica, ele fica obrigado a não praticar ato contrário, a se abster de determinado ato.

Os conflitos de vizinhança apresentam-se como consequência do desenvolvimento imobiliário, seja vertical ou horizontal. Há tendência na vida social para a expansão do direito de propriedade. Cada indivíduo pretende utilizar ao máximo sua propriedade. Mas esse gozo e essa utilização não podem prejudicar seus vizinhos. Os bens imóveis tocam-se, circunvizinham-se, e por isso nasce uma série infindável de problemas jurídicos decorrentes destes conflitos de vizinhança.

A pessoa que usa seu imóvel inconvenientemente, prejudicando os vizinhos, é passível de sanções jurídicas: certa pessoa resolve instalar uma fábrica de plásticos no seu imóvel, há barulho, perigo de incêndio, sem se aperceber do seu vizinho; os aparelhos de televisão ou de rádio, prejudicando o sossego e o repouso dos vizinhos, também são outra fonte de conflitos.

Afirmou-se na doutrina jurídica certa teoria no sentido de que sempre onde há grave prejuízo, causado pela vizinhança, há responsabilidade. Havendo incômodo ao vizinho, há responsabilidade.

Nos edifícios em condomínio é necessário fazer-se sentir o papel desempenhado por cada condômino. A Lei 4.591/1964, sobre o condomínio em edificações, ressalta que cada condômino tem o direito de usar e fruir, com exclusividade, de sua unidade autônoma, segundo suas conveniências e seus interesses, condicionados, umas a outros, às normas de boa vizinhança, podendo usar as partes e coisas comuns de maneira a não causar dano ou incômodo aos demais condôminos e moradores, nem obstáculos ou embaraços ao bom uso das partes comuns do edifício. As violações das regras de boa convivência e vizinhança acarretarão a responsabilidade civil ou criminal do condômino.

Não se pode admitir o mundo moderno das grandes invenções e descobertas, da vida agitada e frenética, dos grandes investimentos, sem vigoroso respeito ao direito de cada indivíduo. O dever jurídico impõe-se.

Especialmente nas cidades onde predomina o condomínio vertical, faz-se necessário que cada pessoa, morador ou simples utilitário, saiba das suas responsabilidades e obrigações perante seus semelhantes na utilização e conservação de sua propriedade, sem prejudicar o direito do seu semelhante. Porque, além de a casa ser o asilo inviolável do indivíduo, ele tem o direito à paz, à tranquilidade do seu lar, *c'est un droit qu'a la porte on achète en entrant* – como no verso de Boileau.

Já o Direito Romano assegurava o direito de propriedade no uso das fontes e águas correntes como conviesse ao proprietário, para seu proveito ou utilidade, mas sem prejudicar os vizinhos, fazendo-o sem proveito para o proprietário: *si non animo vicino nocendi, sed suum agrum meliorem faciendi id fecit* (Vaz Serra, "Atos emulativos no Direito Romano", *Boletim da Faculdade de Direito de Coimbra* II/529, Ano X; Caio Mário da Silva Pereira, *Condomínio e Incorporações*, 2ª ed., p. 24; Arturo Acuña Anzorena, "El Fundamento de la Responsabilidad entre Vecinos y la Teoría del Abuso de los Derechos", in *Estudios sobre la Responsabilidad Civil*, La Plata, 1963, p. 239; *RF* 69/529; Arruda Alvim, "Uso abusivo do direito de propriedade – Dificuldade de acesso a terreno", *RT* 475/33).

Sendo o direito de propriedade tão importante, que a Constituição o protege, assim mesmo ele é utilizado abusivamente. Hoje, quando o tema "poluição" é muito invocado, o uso abusivo da propriedade é acentuado: dano causado pela chaminé de uma fábrica; a instalação de indústrias poluidoras; estabelecimentos perigosos à incolumidade e saúde. Isso leva a observar a limitação ao direito de propriedade, desde que esta tenha finalidade social e em benefício da coletividade. O interesse de um não pode prejudicar a comunidade (Orlando Gomes, *Direitos Reais*, 5ª ed., 1976, pp. 111 e 119; Henri de Page, *Traité*, vol. V, n. 910).

Em conclusão, as palavras de Santiago Dantas:

"É assim possível fazer da teoria do abuso o critério fundamental das relações entre vizinhos, a menos que se dê a essa teoria extensibilidade tão exagerada que os seus limites possam ser deslocados ao sabor dos casos que a doutrina lhe queira submeter. Com tanta imprecisão, só dois resultados poderiam ser obtidos: a inutilização de uma teoria como a do abuso, hoje assentada sobre bases doutrinárias satisfatórias, e a continuação da falta de um critério seguro para as relações intervicinais, pois o abuso nada mais seria que o nome técnico dado pelo juiz, *a posteriori*, a todo exercício nocivo da propriedade que lhe parecesse digno de repressão.

"Abandonemos, pois, as teorias da emulação e do abuso de direito. Mesmo que admitamos a vigência da primeira como teoria autônoma no nosso Direito e que conceituemos a segunda com a máxima largueza, não poderemos resolver com uma e com outra senão num número muito reduzido de conflitos entre vizinhos. Resolveremos aqueles em que o proprietário imitente viola a destinação social ou econômica do seu direito, o que ocorre às vezes, mas tão raramente quanto os casos em que um proprietário ofende com culpa o direito de seu vizinho. Os conflitos mais graves, sobretudo o conflito típico, ficam sem norma de solução. Para encontrá-la temos de ir buscar na própria relação de vizinhança os critérios que ela sugere e que foram sucessivamente focalizados pelas teorias seguintes" (*O Conflito de Vizinhança e sua Composição*, cit., 2ª ed., p. 109).

Em trabalho sobre o uso normal da propriedade imóvel, Fábio Maria de Mattia assinala que, se o proprietário é movido por mero espírito de emulação, atua apenas com o propósito de prejudicar o vizinho, seu ato é abusivo, entra na órbita da ilegitimidade, sujeitando seu autor à consequência (*O Direito de Vizinhança e a Utilização da Propriedade Imóvel*, 1976, p. 255).

A finalidade social da propriedade é imposição constitucional. Ela deve atender aos interesses do proprietário mas não pode servir de prejuízo àqueles que convivem com essa propriedade.

O art. 1.229 do CC assegura ao proprietário a propriedade do subsolo e do espaço aéreo, essa, no entanto, não pode impedir trabalhos "empreendidos a uma altura ou profundidade tais, que não tenha ele interesse algum em impedi-los".

A propriedade não pode tornar-se nociva aos vizinhos. Quando o prédio vizinho está ameaçado de ruína, o proprietário vizinho pode exigir do dono a demolição ou reparação (art. 1.280 do CC). É o dano infecto do Direito Romano – na linguagem atual, uso nocivo da propriedade, isto é, abuso do direito de propriedade. Da mesma forma, o dono do edifício responde pelos danos resultantes da ruína, quando há falta de reparos (art. 937 do CC).

Em matéria de propriedade há possibilidade de muita colisão de interesses, como por exemplo, na usucapião (Jorge Americano, *Do Abuso do Direito no Exercício da Demanda*, cit., 2ª ed., p. 42).

O alcance da expressão "mau uso da propriedade" é muito relativo. No entanto, diz de perto com o abuso da propriedade, para fins maléficos, principalmente, no tema do mundo industrial, a poluição, quer ambiental ou sonora (Virgílio de Sá Pereira, *Manual do Código Civil*, vol. VIII, p. 252; José de Oliveira Ascensão, *Direitos Reais*, p. 195).

O critério do mau uso não pode ser precisado sem ter em conta todas as circunstâncias que ocorrem em cada caso (Caio Mário da Silva Pereira, *Instituições de Direito Civil*, vol. IV, n. 321).

No condomínio, o condômino tem o direito de usar e fruir de sua unidade autônoma segundo suas conveniências e interesses – di-lo a Lei do Condomínio (Lei 4.591/1964, art. 19). Mas esse direito está condicionado às normas de boa vizinhança, não causando dano ou incômodo aos demais condôminos ou moradores (Caio Mário da Silva Pereira, *Condomínio e Incorporações*, cit., 2ª ed., p. 124). Acrescente-se a identificação entre *abuso de direito* e *ato excessivo* no direito de vizinhança. Ambos têm como finalidade prejudicar o vizinho (Orlando Gomes, *Novíssimas Questões de Direito Civil*, Rio de Janeiro, Forense, 1984, p. 34).

Ainda no âmbito do direito de propriedade, propicia-se o direito de retenção contra o proprietário. O Código Civil menciona várias passagens permitindo o direito de retenção, entre elas: quando o devedor paga e não recebe a quitação regular (art. 319); ao possuidor de boa-fé, pelas benfeitorias necessárias e úteis, quando não indenizadas (art. 1.219); ao credor anticrético, enquanto a dívida não for paga (art. 1.423); ao credor pignoratício, pela indenização das despesas feitas na coisa (art. 1.435, IV). Mas o credor/devedor pode abusar desse direito, sendo passível de responsabilidade o retentor pelo abuso (v. Arnoldo Medeiros da Fonseca, *Direito de Retenção*, 3ª ed., pp. 316 e 287). A parte prejudicada nessas condições poderá intentar medida cautelar (CPC, art. 798).

Inúmeros casos de abuso de direito da propriedade são citados na jurisprudência e na doutrina. Nesta, Henri Lalou frisa o caso do proprietário que, sob pretexto de evitar indiscrições e quedas de detritos, constrói uma muralha que priva do sol e da aeração muitos andares da casa vizinha. Mas exemplifica com fato não constitutivo de abuso: o proprietário coloca porta em seu imóvel, impedindo a entrada de pessoas sem autorização (Henri Lalou, *Traité Pratique de la Responsabilité Civile*, 6ª ed., p. 517).

O possuidor pode usar de força imediata para repelir a turbação ou esbulho. Essa defesa não deve ser excessiva ou inadequada, mas suficiente para a garantia da posse. O desforço imediato é ato de legítima defesa, não excedendo o indispensável à manutenção ou restituição da posse (Clóvis Beviláqua, *Comentários ao Código Civil* – art. 502 –, 3º vol., p. 24). Bem como o proprietário deve ser moderado na ação contra possuidor que constrói no seu terreno. Não pode destruir as benfeitorias (STF, RE 91.860, *RTJ* 93/1.356).

3.3 Direito de família. Alimentos. Guarda de filhos

Na sociedade familiar são estabelecidas regras de conduta em benefício do grupo. São orientações variáveis, de acordo com o nível ou padrão, para tomarmos uma atitude diante do insólito. O absurdo na conduta familiar pode levar ao abuso. Mas não se condenam todos os atos excessivos como abusivos.

Cabe distinguir o direito subjetivo do poder jurídico no direito de família. O poder familiar é poder jurídico, pelo qual o titular está a serviço do interesse do grupo familiar: se excessivo, haverá abuso (Georgette Nacarato Nazo, *Da Responsabilidade Civil no Pré-Contrato de Casamento*, p. 126).

A posição da mulher casada no Brasil sofreu alterações com a Lei 4.121/1962, impedindo-se o abuso do marido na fixação do domicílio (Virgílio de Sá Pereira, *Direito de Família*, p. 269; Enneccerus/Kipp/Wolff, *Tratado de Derecho Civil*, t. 4º, p. 192; *RF* 206/175).

A Lei de Alimentos (Lei 5.478/1968) atribui ao juiz a fixação de prazo razoável para a contestação da ação proposta (art. 5º, § 1º) – marcação, essa, que não poderá ser muito restrita ou longa. Se há dever de prestação dos alimentos, também se admite a recusa ou a omissão no pagamento, configurada a impossibilidade, sem, no entanto, caracterizar abuso de direito (STF, *RTJ* 102/602, 94/147, 87/67, 86/126 e 82/697).

No Direito Comparado, o Código Civil do Peru dispõe que a mulher não está obrigada a aceitar a decisão do marido quando esta constitui abuso de seu direito (art. 163). Também o Código Civil alemão (art. 1.468) dá à mulher o direito de não aceitar as imposições maritais. Pelo Código Civil italiano, o juiz pode pronunciar a decadência de pátrio poder quando o genitor viola os deveres inerentes ou causa prejuízo ao filho (art. 330). De modo igual no Código brasileiro (art. 1.637).

Em nosso Direito, Vicente de Faria Coelho preconiza que a mulher não poderá ser obrigada a suportar o poder marital violento, agressivo, despótico, que a tiraniza e avilta (*O Desquite na Jurisprudência dos Tribunais*, n. 85).[1]

---

1. V. Lei 11.340, de 7.8.2006 (Lei Maria da Penha).

Outro exemplo de abuso de direito na família refere-se à prodigalidade, que se assenta no abuso do direito de disponibilidade do patrimônio próprio (CC, art. 1.767, V; ver disposição do Código Civil português sobre a matéria, art. 152).

Afora isso, não é considerado abuso (Jorge Americano, *Do Abuso do Direito no Exercício da Demanda*, cit., 2ª ed., p. 17).

A Lei 6.515, de 26.12.1977, que regulou a Emenda Constitucional 9, de 28.6.1977, sobre o divórcio, trouxe regras sobre direito de família que também podem dar azo a casos de abuso de direito.

A reunião de provas é um direito de quem pretende propor demanda. E a legislação processual exige que se alego, devo provar o alegado. Em família, onde as relações coloquiais são extremas, a parte demandante socorre-se de indícios em suas afirmações para propor demanda – separação judicial, divórcio. Como é um direito – a captação de provas –, a parte pode ser induzida à obtenção dessas provas por meios fraudulentos ou escusos, como gravações sonoras.

Há direitos discricionais absolutos, como aqueles admitidos pela lei, cujo exercício não pode ser considerado abuso, como o direito do ascendente de negar consentimento para o casamento dos filhos menores (CC, art. 1.634, III), ainda que possa haver o suprimento judicial na hipótese de falta e não de recusa (CC, art. 1.525, II).

O ato abusivo da autoridade pública contra criança ou adolescente será reprimido por ação mandamental, que se regerá pela normas da lei do mandado de segurança (ECA, Lei 8.069/1990 –, art. 212, § 2º).

A Constituição de 1988 iguala os direitos dos cônjuges (art. 226, § 5º). Há necessidade de observação dessa relação conjugal no trato dos interesses da administração familiar, dentre eles a fixação do domicílio, que, se abusiva por um dos cônjuges, pode ser impugnado pelo outro cônjuge (Washington de Barros Monteiro, *Curso de Direito Civil*, vol. II, p. 119).

3.4 Direito autoral e propriedade industrial

A Lei de Direitos Autorais (Lei 9.610, de 19.2.1998) considera, em várias passagens, o abuso do direito autoral por parte de usuário desse direito. Assim, a reprodução fraudulenta, com a repetição de número ou

O advogado que retiver abusivamente ou extraviar autos recebidos com vista ou em confiança será apenado com suspensão (art. 34, XXII). Não é crível que o advogado prejudique seu cliente, não devolvendo os autos no prazo fixado, ou os retendo além de período razoável ou, ainda, prejudicando a outra parte.

O direito de recusa ao patrocínio é cristalino na atividade do advogado, por convicções religiosas, morais etc. Não poderá recusar-se a prestar, sem justo motivo, assistência gratuita aos necessitados, quando nomeado pela Assistência Judiciária (art. 34, XII).

O Código de Processo Civil impõe às partes e aos seus procuradores (art. 14, c/c o art. 17) procedimento com lealdade e boa-fé; nem formulação de pretensões, nem alegação de defesa, com falta de fundamento.

A defesa não poderá exceder-se com palavras ou escritos. As expressões injuriosas poderão ser rejeitadas pelo juiz, quer nas petições ou na defesa oral (art. 15).

No § 226 do CC alemão estabelece-se a inadmissibilidade do exercício de um direito para causar prejuízo. Na vida judiciária alemã aplica-se a regra à atividade advocatícia que tenha por finalidade retardar uma solução judiciária (*Schikanenparagraph*).

Quem demanda tem um compromisso social, e não somente interesse individual na realização da ideia do direito sobre a terra, como diz Ihering no seu *A Luta pelo Direito*.

Muitas vezes a atuação do advogado está fincada no tema do abuso de demandar (v., neste Capítulo 3, o item 3.1, "Abuso do Direito de Demandar").

3.6 Contratos

(a) O abuso de direito no âmbito contratual está relacionado com a vontade de um dos elementos integrantes do contrato. No entanto, a vontade não pode atingir o direito alheio, por força da espontânea decisão da outra parte contratante, que, usando do *neminem laedere qui suo jure utitur*, vá prejudicar outrem. Acrescendo o Código Civil italiano a responsabilidade pelo dano causado pelo contratado, excedendo os limites da faculdade conferida (art. 1.398). O art. 113 do CC, ao estabelecer a interpretação dos negócios jurídicos segundo a boa-fé, traz im-

portante diretriz para o impedimento do abuso de direito contratual (Antônio Menezes Cordeiro, *Da Boa-Fé no Direito Civil*, pp. 661, 742 e 861; Judith Martins-Costa, *A Boa-Fé no Direito Privado*, São Paulo, Ed. RT, p. 155).

Por isso, a atitude deliberada do contratante não permitirá a ruptura do contrato preliminar, quando a obrigação de celebrar o contrato definitivo pode ser obstaculizada porque o contratante não mais tenciona celebrá-lo.

Guillermo J. Borda observa: "Puede decirse que hoy hay acuerdo casi general en que la buena fe que debe presidir los negocios jurídicos no permite una ruptura irrazonable, sin causa o arbitraria de las tratativas y que, si esto sucede, es justo indemnizar, a quien se ha perjudicado, los daños y perjuicios consiguientes. En el fondo, se trata de una aplicación de la idea del abuso del derecho, pues se reconoce que la conducta del que rompió las tratativas ha sido abusiva" (*Locación de Obra*, t. II, n. 143, *apud* Augusto Morello, *Indemnización del Daño Contractual*, vol. II, p. 65).

Na mesma linha, Alberto G. Spota observa, a propósito do não acatamento do contrato preliminar: "El abuso del derecho surge cuando una de las partes del contrato preparatorio destinado a considerar, *v.g.*, la importancia de unas canteras optar por no celebrar el contrato definitivo, no obstante las labores realizadas por la otra parte para evidenciar las ventajas de la explotación, y luego aquélla – que es la propietaria de las canteras decidiera ejecutar esa explotación sobre la base los estudios ya realizados. Esta conducta antifuncional, es decir, abusiva, compromete la responsabilidad del que se aparta de la buena fe-lealtad" (*Contratos en el Derecho Civil*, vol. III, p. 25).

(b) Quando a parte interessada na mediação fixa a remuneração do mediador, é muito comum na realização do negócio a alegação de exorbitância, evidente abuso de direito na fixação da remuneração. Essa assertiva é repelida por Manuel J. G. Salvador, para quem, no caso, não há situação injusta ou ofensiva surgida logo ao ser constituída a obrigação (*Contrato de Mediação*, Lisboa, 1964, p. 200).

(c) Nos contratos onde há construções, como na empreitada, o retardo na execução do contrato, após longas *démarches* por parte do dono da obra para o início da mesma, constitui abuso de direito do construtor, como decidiu o TJSP na ACi 91.399 (*RF* 187/216).

(i) Tratando da responsabilidade no contrato preliminar, Josserand formulou a hipótese pela qual o contratante estimula o ajuste e faz nascer uma legítima esperança no contratado. A recusa em contratar definitivamente seria abuso do direito de não contratar. Arrematou o Mestre gaulês que a liberdade contratual comporta limites, mesmo sob forma negativa. Nossa responsabilidade entra em ação quando do exercício dos nossos direitos, entre eles o da recusa de contratar (Josserand, "Evolução da responsabilidade civil", *RF* 86/548, Rio de Janeiro, Forense, 1941; Antônio Chaves, *Responsabilidade Pré-Contratual*, p. 132; Regina Gondim, *Contrato Preliminar*, p. 164).

(j) O Código Civil (art. 244) dá ao devedor a escolha para o cumprimento da obrigação de dar coisa incerta. No entanto, esse direito não poderá ser abusado, isto é, não poderá dar coisa pior.

Na obrigação de fazer, se o fato puder ser executado por terceiro, o credor poderá mandá-lo executar, havendo recusa ou mora do devedor (CC, art. 249). O parágrafo único do art. 249 do CC permite ao credor, independentemente de autorização, a execução do fato. Ora, a urgência deve ser comprovada, e não mero desejo do credor. Não justificada, transforma-se em abuso, que acarretará consequências.

(k) A característica da obrigação alternativa é caber a escolha do cumprimento da obrigação pelo devedor, dentre as alternativas (CC, art. 252). O Código atual já impõe restrições a esse direito, evitando o abuso. O devedor não pode obrigar o credor a receber parte em uma prestação e parte em outra. Não poderá utilizar partes das alternativas.

Ao devedor assiste o direito ao pagamento. No entanto, não poderá compelir o credor a receber prestação diversa da dívida, ainda que mais valiosa (CC, art. 313).

Significa, portanto, que, sendo a coisa mais valiosa, pode não ser a mais conveniente ao devedor, até onerosa. Essa diversificação é abuso por parte do devedor.

(l) A cláusula penal pode ser fixada em valor excessivo. Há uma limitação: o valor não pode exceder o da obrigação principal (CC, art. 412). O Código Civil (art. 413) prevê a possibilidade de redução do valor pelo juiz se o montante da penalidade for manifestamente excessivo, segundo a natureza e a finalidade do negócio. Atendeu à jurisprudência que admitia a redução do valor da cláusula (STF, RE 58.263, *DJU* 18.4.1969).

(m) No contrato de empreitada sempre constituíram polêmica os chamados "serviços extraordinários": o empreiteiro vai além do avençado, acrescentando outros serviços ou materiais, originando a indagação sobre a responsabilidade do dono da obra: se o serviço não era autorizado por escrito, não era devido o pagamento; se era executado à vista do dono da obra, era devido (Alfredo de Almeida Paiva, *Aspectos do Contrato de Empreitada*, Rio de Janeiro, Forense, 1955, p. 22; Washington de Barros Monteiro, *Curso de Direito Civil*, vol. V, p. 212; *RTJ* 44/615 e 5/254; *RF* 209/196, 139/119, 132/93 e 152 e 131/579).

O Código Civil de 2002 ouviu a jurisprudência: "Ainda que não tenha havido autorização escrita, o dono da obra é obrigado a pagar ao empreiteiro os aumentos e acréscimos, segundo o que for arbitrado, se, sempre presente à obra, por continuadas visitas, não podia ignorar o que se estava passando, e nunca protestou" (art. 619, parágrafo único).

Outro ponto importante no contrato de empreitada é a execução do projeto. Em princípio, cabe ao empreiteiro a livre execução; porém, deve obedecer ao original, não executando modificações relevantes sem anuência do dono da obra (CC, art. 619). O Código Civil evoluiu, atendendo a problemas técnicos quanto ao proprietário da obra, que não poderá introduzir modificações no projeto. Aliás, essa matéria diz com o direito autoral. A Lei 9.610/1998 permite ao autor do projeto arquitetônico o repúdio caso sejam introduzidas alterações durante sua execução.

(n) A característica do comodato é a gratuidade. Permite-se ao comodatário a utilização da coisa sem pagamento de aluguel ou qualquer valor, apenas com a obrigação de devolver a coisa. Havendo prazo estipulado para o uso da coisa, o comodante pode pedir a devolução da coisa antes do prazo caso haja necessidade imprevista e urgente (CC, art. 581). Não se permite, assim, o abuso do direito de propriedade ou posse, exigindo abruptamente a devolução da coisa. O Código Civil italiano pune o abuso do comodatário na utilização da coisa (art. 1.804) (v. Arnoldo Wald in *RF* 253/98).

Ao devedor assiste o dever de fazer o pagamento. Um dos casos de pagamento por consignação ocorre quando o credor, sem justa causa, recusar-se a receber o pagamento ou dar quitação na devida forma (CC, art. 335, I). Essa atitude do credor impõe ao devedor despesas, gastos, preocupações, consistentes em autêntico abuso de direito.

Vale aqui a observação de Carnelutti: "Sotto il medesimo punto di vista va considerata la deliberazione della assemblea di una società anonima, la cui maggioranza abbia perseguito un suo interesse particolare in conflitto con l'interesse della società" (*Sistema del Diritto Processuale Civile*, vol. II, 1938, p. 428).

O aval prestado por sócio em negócio estranho ao objeto do contrato social, mas não ignorado pelos outros sócios, vincula a sociedade em face do terceiro de boa-fé, ressalvado à sociedade o direito a perdas e danos pelo abuso da firma social (rel. Min. Djaci Falcão, *DJU* 5.9.1969; *RF* 63/421).

Na seara cambial inúmeras hipóteses têm surgido em relação ao abuso de direito, como: a emissão e o protesto de duplicata não aceita, quando não representa título de crédito legítimo oriundo de operação realmente efetivada (TJGB, ACi 60.886, *Revista do TJGB* 21/313); também o protesto cambiário sem finalidade cambiária (TJRS, AI 3.756, *Revista do TJRS* 9/210); o saque de letra de câmbio como meio de coagir o sacado a pagar pretensa indenização (TJRS, ACi 26.093, *Revista do TJRS* 2/171). Em tema de protesto, controverte-se sobre seu alcance e sua finalidade, que não devem prejudicar os interesses do devedor, por abuso do credor ao requerer o protesto. Daí outro assunto palpitante, o relativo à sustação do protesto (v. Rubens Requião, *Curso de Direito Comercial*, 6ª ed., vol. II, p. 458). Ou o preenchimento abusivo de cambial (*RF* 248/29; Philadelpho Azevedo, *Um Triênio de Judicatura*, vol. 3, p. 290). Vale observar que a sustação do protesto decorre do abuso do direito de protesto. Se não fosse abuso, seria legítimo o protesto (Ovídio A. Baptista da Silva, *A Ação Cautelar Inominada no Direito no Direito Brasileiro*, Rio de Janeiro, Forense, p. 409).

Exemplo de abuso de direito na sociedade refere-se à constituição de reservas sem previsão estatutária – isto é, sem que a assembleia esteja autorizada estatutariamente a criar reservas genéricas constituiria ilegalidade (Fábio Konder Comparato, *Aspectos Jurídicos da Macroempresa*, p. 55; *RT* 507/57).

As deliberações da maioria visando a prejudicar os outros são passíveis de impugnação (Sérgio Campinho, *O Direito da Empresa*, p. 240).

A Lei das Cooperativas (Lei 5.764/1971 – arts. 43 e 54) admite a anulação desses atos com abuso do direito por parte da maioria. Walmor Franke exemplifica: a deliberação da maioria que aumenta desmesuradamente os ordenados dos diretores seria impugnável por abuso de direito nas sociedades cooperativas (*Direito das Sociedades Cooperativas*, 1973, p. 143).

A atual Lei das Sociedades Anônimas (Lei 6.404, de 15.12.1976) trata especificamente do abuso de direito nesse tipo societário. Assim, considera abusivo o voto exercido pelo acionista com o fim de causar dano à companhia ou a outros acionistas ou de obter, para si ou para outrem, vantagem a que não faz jus e de que resultam, ou podem resultar, prejuízos para a companhia ou para outros acionistas (art. 115). Pelos danos causados em decorrência dessa atitude responderá o acionista (art. 115, § 3º).

A lei também exige o exercício de suas atribuições a bem dos interesses da companhia (art. 154), tanto que o administrador da companhia aberta só pode revelar atos ou fatos da sociedade no legítimo interesse da companhia ou do acionista, respondendo os solicitantes pelos abusos (art. 157, § 3º). Por isso, explica Fran Martins, "não apenas os solicitantes de esclarecimentos por parte do administrador podem se utilizar desses esclarecimentos de modo abusivo, como qualquer outro acionista presente à assembleia, que tomou conhecimento dos fatos mesmo antes de terem sido os esclarecimentos reduzidos a escrito" (*Comentários à Lei das S/A*, 2º vol., t. II, p. 402; v. também Wilson de Souza Campos Batalha, *Comentário à Lei das S/A*, vol. 2, p. 557).

De tudo isso se deduz o respeito ao acionista minoritário. Antes de mais nada, o primeiro interesse é o da sociedade. A maioria não fica ao lado da maioria, e sim ao lado da sociedade. Qualquer vantagem, ainda que decorra do exercício normal da maioria, será considerada abusiva. Tudo isso é resumido por René David em seu clássico trabalho sobre a matéria: *La Protection des Minorités dans les Sociétés par Actions* (Paris, 1929). Diz o insigne jurista e comparativista:

"En vertu de la bonne foi particulièrement stricte qui doit régir les rapports de tous les associés entre eux, la majorité ne doit jamais agir au détriment de l'intérêt qui est mis sous sa garde; ses décisions sont critiquables si le mobile qui les inspire est la désir de nuire à la société tout entière ou à ses associés de la minorité.

"La théorie du détournement de pouvoir amène sensiblement aux mêmes conclusions; elle confère un caractère illicite à toute décision

soa do sócio. Então, a inviolabilidade dos atos da sociedade, imune a qualquer verificação dos atos do sócio, foi superada pela desconsideração da personalidade jurídica (*disregard of legal entity*). Então, admitiu-se o exame do ato do sócio, desvelando aquela inviolabilidade societária. Logo, o Judiciário pode ignorar a existência da pessoa jurídica e examinar os atos dos sócios (v. Rubens Requião, "Abuso de Direito e *Disregard Doctrine*", *Aspectos Modernos de Direito Comercial*, vol. 1, p. 67). Aliás, a legislação brasileira (CDC, art. 28) já adotou a teoria da *disregard* (J. A. Penalva Santos, "A aplicação do princípio da desconsideração da personalidade jurídica no Direito Brasileiro", in *Estudos Arnoldo Wald*, 1992, p. 77). Lembra a preocupação com o desmantelamento da estrutura da sociedade, a pretexto da defesa do consumidor.

Em muitas circunstâncias os prejuízos podem ser causados pelos acionistas. Para a formação do capital social obtêm-se contribuições, podendo o subscritor ou acionista não atender à formação do capital, e por isso será responsável civilmente (art. 10 da Lei 6.404/1976), bem como os fundadores e instituições financeiras subscritores responderão pelos prejuízos resultantes da inobservância de preceitos legais (art. 92). Neste caso está o chamado "acionista controlador" – isto é, a pessoa ou grupo de pessoas vinculadas por acordo de voto –, titular de direitos de sócio que lhe assegurem, de modo permanente, a maioria dos votos nas deliberações da assembleia-geral e o poder de eleger a maioria dos administradores da companhia (art. 116). Neste caso, se o acionista controlador usar esse direito sem realizar o objeto da sociedade, responderá por essas responsabilidades (art. 116, parágrafo único), bem como pelos danos causados por atos praticados com abuso de direito (*abuso de poder* – art. 117[5]). Já que mencionamos o denominado "abu-

---

5. "Art. 117. O acionista controlador responde pelos danos causados por atos praticados com abuso de poder. § 1º. São modalidades de exercício abusivo de poder: a) orientar a companhia para fim estranho ao objeto social ou lesivo ao interesse nacional, ou levá-la a favorecer outra sociedade, brasileira ou estrangeira, em prejuízo da participação dos acionistas minoritários nos lucros ou no acervo da companhia, ou da economia nacional; b) promover a liquidação de companhia próspera, ou a transformação, incorporação, fusão ou cisão da companhia, com o fim de obter, para si ou para outrem, vantagem indevida, em prejuízo dos demais acionistas, dos que trabalham na empresa ou dos investidores em valores mobiliários emitidos pela companhia; c) promover alteração estatutária, emissão de valores mobiliários ou adoção de políticas ou decisões que não tenham por fim o interesse da companhia e visem a causar prejuízo a acionistas minoritários, aos que trabalham na empresa ou aos inves-

so de direito", que, no dizer de Clóvis Beviláqua, significa exercício regular de um direito privado, ao lado do abuso de poder, exercício irregular de um direito público, examinemos as várias passagens concernentes ao abuso de direito na sociedade anônima, até o exame do abuso em detrimento das chamadas minorias societárias.

Um dos repúdios da lei é ao exercício abusivo do direito de voto por parte do acionista. O voto deve ser exercido no interesse da companhia. Se tiver como fim causar dano à companhia ou a outros acionistas, ou obter, para si ou para outrem, vantagem a que não faz jus, haverá abuso do direito de voto, que poderá causar prejuízo à companhia (art. 115). Se isto ocorrer, o acionista responderá pelos danos causados por esse exercício abusivo do direito de voto, ainda que seu voto não tenha prevalecido (art. 115, § 3º) (sobre *minorias societárias*, v.: René David, *La Protection des Minorités dans les Sociétés par Actions*, Paris, 1927; José Washington Coelho, "A nova Lei das Sociedades Anônimas interpretada, responsabilidade civil do diretor", *RTJ* 85/195; Luiz Gastão Paes de Barros Leães, *Estudos e Pareceres sobre Sociedades Anônimas*, p. 16; STF, voto do Min. Moreira Alves, *RTJ* 127/1.132).

Se o acionista obteve vantagens, será obrigado a transferir para a companhia as vantagens que tiver auferido (art. 115, § 4º, da Lei 6.404/1976). Requião assinala que a responsabilidade do acionista controlador decorre, em muitos casos, do exercício abusivo do poder através da violação do objeto social ("Responsabilidade das maiorias e proteção das minorias nas sociedades anônimas", in *Estudos em Homenagem a Orlando Gomes*, Rio de Janeiro, Forense, 1979, p. 555).

tidores em valores mobiliários emitidos pela companhia; d) eleger administrador ou fiscal que sabe inapto, moral ou tecnicamente; e) induzir, ou tentar induzir, administrador ou fiscal a praticar ato ilegal, ou, descumprindo seus deveres definidos nesta Lei e no estatuto, promover, contra o interesse da companhia, sua ratificação pela assembléia geral; f) contratar com a companhia, diretamente ou através de outrem, ou de sociedade na qual tenha interesse, em condições de favorecimento ou não equitativas; g) aprovar ou fazer aprovar contas irregulares de administradores, por favorecimento pessoal, ou deixar de apurar denúncia que saiba ou devesse saber procedente, ou que justifique fundada suspeita de irregularidade; h) subscrever ações, para os fins do disposto no art. 170, com a realização em bens estranhos ao objeto social da companhia. § 2º. No caso da alínea e do § 1º, o administrador ou fiscal que praticar o ato ilegal responde solidariamente com o acionista controlador. § 3º. O acionista controlador que exerce cargo de administrador ou fiscal tem também os deveres e responsabilidades próprios do cargo."

A supremacia da vontade da maioria, com a superação dos direitos sociais ou individuais dos acionistas minoritários, não encontra apoio na doutrina (Tullio Ascarelli, *Problemas das Sociedades Anônimas e Direito Comparado*, cit., p. 397; Felipe de Sola Canizares, *Tratado de Sociedades por Acciones en Derecho Comparado*, vol. III, Buenos Aires, 1957, p. 169; Eduardo L. Gregori Crusellas, *La Protección de las Minorías en las Sociedades Anónimas*, Buenos Aires, 1959, p. 21; Francisco J. Garo, *Sociedades Anônimas*, vol. 11, Buenos Aires, 1954, p. 61; Roberto Goldschmit, *Problemas Jurídicos de la Sociedad Anónima*, Buenos Aires, 1946, p. 35; Jean Van Ryn, *Principes de Droit Commercial*, vol. I, Bruxelas, 1954, p. 444; Fábio Konder Comparato, *Direito Empresarial*, 1990, p. 292).

No Anteprojeto do Código Civil (1972) foi inserida norma prevendo a boa condução da pessoa jurídica, não se permitindo o desvio dos fins que determinaram sua constituição (art. 49). Essa preocupação sofreu a crítica de Orlando Gomes: "O Anteprojeto participa dessa exageração ao definir o abuso de direito nas deliberações da assembleia (de resto, um contrassenso), ao admitir a participação da minoria na administração colegiada e ao estabelecer complicado sistema de proteção (...)" ("S/A 1975", in *Direito Econômico, Revista da OAB* 17/432).

Outra redação foi enviado ao Congresso Nacional no Projeto de Código Civil (1974). Diz o art. 48: "A pessoa jurídica não pode ser desviada dos fins estabelecidos no ato constitutivo, para servir de instrumento ou cobertura à prática de atos ilícitos, ou abusivos, caso em que poderá o juiz, a requerimento de qualquer dos sócios ou do Ministério Público, decretar a exclusão do sócio responsável, ou, tais sejam as circunstâncias, a dissolução da entidade".

Com essa diretriz acolhe-se no Direito Brasileiro a chamada *disregard doctrine* do Direito Norte-Americano.

Por essa orientação, o juiz pode desconsiderar a personalidade jurídica para frear o mau uso da personalidade jurídica da sociedade, feito por um sócio. Ao juiz caberá, então, o recolhimento de bens para atender aos credores.[6]

---

6. Disposição, a final, inserida no art. 50 do CC: "Em caso de abuso da personalidade jurídica, caracterizado pelo desvio de finalidade, ou pela confusão patrimonial,

Ao comentar o dispositivo projetado, Rubens Requião demonstra que a orientação não é de ordem pública, porque não se pretende dissolver a sociedade. Esse direito só pode caber ao credor insatisfeito (*RT* 477/20).

A personalidade jurídica da sociedade impõe obstáculos ao devido exame da responsabilidade pelas fraudes ou até do exercício irregular de um direito (CC, art. 188, I), consistindo no abuso de direito. Ao sustentar a aplicação da *disregard doctrine* no Direito Brasileiro, Rubens Requião encetou observações preliminares dignas de nota: "Ora, diante do abuso de direito e da fraude no uso da personalidade jurídica, o juiz brasileiro tem o direito de indagar, em seu livre convencimento, se há de consagrar a fraude ou o abuso de direito, ou se deve desprezar a personalidade jurídica para, penetrando em seu âmago, alcançar as pessoas e bens que dentro dela se escondem para fins ilícitos ou abusivos" (*RT* 410/14).

O impasse da inviolabilidade das decisões da sociedade fica superado pelo interesse superior do Direito em desvendar a fraude ou o abuso. Por isso, diz Requião: "O que se pretende com a doutrina do *disregard* não é anulação da personalidade jurídica em toda a sua extensão, mas apenas a declaração de sua ineficácia para determinado efeito, em caso concreto, em virtude de o uso legítimo da personalidade ter sido desviado de sua legítima finalidade (abuso de direito) ou para prejudicar credores ou violar a lei (fraude)".

Para a dissolução total admite-se a vontade de um dos sócios, sendo a sociedade celebrada por tempo determinado. Inclui-se aí a possibilidade do abuso de direito manifestado na vontade única do sócio (Rubens Requião, "A dissolução total das sociedades limitadas", in *Estudos em Homenagem a Caio Mário da Silva Pereira*, Rio de Janeiro, Forense, 1984, p. 53, e *Curso de Direito Comercial*, cit., 6ª ed., vol. 2, p. 280; Avelãs Nunes, *O Direito de Exclusão de Sócios nas Sociedades Comerciais*, Coimbra, 1968).

pode o juiz decidir, a requerimento da parte, ou do Ministério Público quando lhe couber intervir no processo, que os efeitos de certas e determinadas relações de obrigações sejam estendidos aos bens particulares dos administradores ou sócios da pessoa jurídica".

usuário do serviço parado. A Constituição de 1988 (art. 9º) dá mais liberdade nesse terreno que a Carta anterior, porém com as limitações impostas pela Lei de Greve (Lei 7.783/1989, art. 14) (Mario Deveali, "El derecho de huelga y la doctrina del abuso del derecho", in *Derecho del Trabajo*, 1958, p. 279; Manoel Gonçalves Ferreira Filho, *Direito Constitucional Econômico*, p. 214).

Josserand afirma que o contrato de trabalho é a terra de eleição do abuso de direito ("O contrato de trabalho e o abuso de direito", *RF* 75/514, Rio de Janeiro, Forense). Exemplo: na transferência punitiva do empregado, quando o empregador, por perseguição ou má-fé, indica outra localidade para o exercício do emprego. Muitas vezes essa transferência é considerada abuso de direito (*RF* 181/422, p. 1.122; Nélio Reis, *Alteração do Contrato de Trabalho*, 3ª ed., p. 166).

Em alguns casos exige-se a prova da necessidade de serviço para a efetivação da transferência (Carlos Alberto Barata Silva, *Direito do Trabalho Interpretado no TST*, p. II; v. Súmula 43 do TST).

Constitui abuso de direito a empresa ultrapassar os limites do seu poder de comando, destituindo o empregado de função (Carlos Alberto Barata e Silva, *Direito do Trabalho Interpretado no TST*, cit., p. 127).

A Constituição Federal assegura o direito de greve aos trabalhadores (art. 9º). No entanto, não se admite o abuso desse direito (Henri Lalou, *Traité Pratique de la Responsabilité Civile*, cit., 6ª ed., p. 505) – aliás, como estipula a própria Constituição (art. 9º, § 2º).

Não se considerou abuso de direito a conduta do empregador que pediu abertura de inquérito policial para apurar desvio de dinheiro. O pedido de inquérito é um direito, porque não existem modos diversos para a apuração de fatos atribuídos a certa pessoa (*RT* 475/87; Evaristo de Moraes Filho, *A Justa Causa na Rescisão de Contrato de Trabalho*, 2ª ed., p. 178).

3.10 Direito do consumidor

O direito do consumidor adquiriu foros de autonomia no mundo jurídico, principalmente com a preocupação da defesa dos interesses daquele, muitas vezes colocado em situação inferior e sem qualquer proteção jurídica dentro dos cânones gerais do Direito, que, por sua generalidade, não podem ser aplicados aos casos concretos. Daí o advento de legislações especiais. E no Brasil figura até na Constituição Federal (art. 5º, XXXII). Com a edição da Lei 8.078 (11.12.1990), que é o Código do Consumidor/CDC, várias regras jurídicas contrárias ao abuso de direito foram inseridas, notadamente impedindo a publicidade abusiva (art. 6º, IV) e a publicidade discriminatória (art. 37, § 2º) e considerando crime a publicidade abusiva (art. 67). Como é curial em matéria de legislação protetiva, invade-se a tradicional autonomia da vontade na redação das cláusulas contratuais, condenando as cláusulas abusivas no fornecimento de produtos e serviços (art. 6º, IV) e a colocação desvantajosa do consumidor nessas cláusulas abusivas (art. 51, IV), e até prevendo a desconsideração da personalidade jurídica da sociedade quando, em detrimento do consumidor, houver abuso de direito (art. 28).

Nem todo contrato impresso é contrato de adesão. Este, como informa Orlando Gomes, designa a pré-constituição unilateral do conteúdo de contratos similares, neles se inserindo cláusulas uniformes que não podem ser rejeitadas, incluindo-se dentre eles – diz o Mestre baiano – os *contratos bancários*: "Os contratos bancários estipulam-se, de regra, mediante a assinatura de fórmula impressa na qual as cláusulas se acham fixadas pelo banco. São, portanto, contratos de adesão" (Orlando Gomes, *Contrato de Adesão*, São Paulo, Ed. RT, 1972, p. 155).

Entretanto, nos *contratos bancários* mais se acentua a caracterização do contrato de adesão.

É indiscutível que a autonomia da vontade tem cedido na relação jurídica contratual desde quando a lei determina uma forma ou impede determinado contrato.

O contrato de adesão atingiu o nível mais alto do desprestígio da autonomia da vontade, porque a bilateralidade comum aos contratos cede, com a vontade determinada pelo redator do contrato, impondo ao outro contraente cláusulas que normalmente não aceitaria se as discutisse. Se nos contratos em geral há cláusulas leoninas ou potestativas, no contrato de adesão acentuam-se as *cláusulas abusivas* escritas pelo redator do contrato, muitas vezes despretensiosas, mas de eficácia importante.

É abusiva a cláusula, num contrato bancário, fixando foro diverso do local do pagamento, da execução do contrato, do domicílio dos clientes do banco, do lugar dos bens dados em garantia.

messa alle disposizioni degli artt. 1.063 ss. parla di 'esercizio', nei testi sono adoperati sostantivi 'esercizio' (artt. 1.063, 1.067, 1.068, 1.070), 'uso' (art. 1.070), e le voci verbali correlative (artt. 1.064, 1.065, 1.066). L'art. 1.096 adopera l'espressione 'usare liberamente'; l'art. 1.102, l'espressione 'servirsi della cosa comune', e reca la rubrica: 'Uso della Cosa Comune'. Correlativi sono i termine 'non uso' (artt. 1.973, 1.166) e 'abuso' (art. 1.015). L'abuso, poi, con riferimento all'esercizio di diritto, poteri e funzioni, provoca l'applicazione di numerose sanzioni di natura generale (art. 34 c.p. in relazione all'art. 330 e all'art. 114 c.c.; artt. 61, 646, 608, 323, 571 c.p.)" (*Responsabilità Civile*, vol. II, Milão, Giuffrè, 1968, p. 161).

Como consequência pelo abuso de autoridade, dispôs a Lei 4.898, de 9.12.1965, que seu autor estaria sujeito a sanção civil.

Se o abuso de direito causa prejuízo – como seja o lançamento do nome no rol de devedores e o protesto de duplicata por falta de pagamento –, deve ser indenizado o dano causado (*RJTJGB* 19/276).

Também em relação à responsabilidade civil do Estado tem aplicação a teoria do abuso de direito (Aguiar Dias, "Responsabilidade civil do Estado", *RF* 116/355, Rio de Janeiro, Forense).

A respeito de direito subjetivo, eis a observação de Roubier: "L'usage abusif d'un droit existe lorsque le titulaire de droit envisage moins l'avantage que cet exercice peut lui procurer que les vexations et les dommages que cella peut causer à son adversaire" (*Droits Subjectifs et Situations Juridiques*, 1963, p. 335).

Se o indivíduo tem dois caminhos e opta pelo mais gravoso para a outra parte, podendo causar-lhe dano, logo, fica sujeito às consequências por esses prejuízos. Em um caso concreto, o mutuário acusava o mutuante de mau negócio, até acoimando-o de estelionatário. Foi à autoridade policial para acusar o mutuante, e não a anulação do negócio jurídico; utilizou, portanto, o procedimento judicial mais violento, causador de danos (*RF* 102/474 e *RJTJRS* 2/170).

5
ABUSO DE DIREITO E ABUSO DE PODER.
DESVIO DE PODER

O desenvolvimento material e intelectual da sociedade aumenta consideravelmente a gama de interesses das necessidades da própria vida.

Para felicidade dos humanos, essas lutas e reivindicações são a consequência do progresso que intensifica as relações sociais. Mas o indivíduo beneficiado por essa evolução deve respeitar os limites das atividades alheias, as conquistas individuais, preservadas com dificuldades. Aquele que exorbita no exercício de seu direito, conferido pelo ditames legais, violando as normas reguladoras da atividade econômica e social, produz desequilíbrio nessas relações ao abusar do direito.

Desde a negação de Planiol/Esmein/Baudry da existência do abuso de direito até nossos dias, a doutrina desse conceito tem sofrido evolução importante para caracterizar seus delineamentos, graças às interpretações da jurisprudência, ganhando impulso a partir dos notáveis trabalhos de Josserand (*De l'Esprit des Droits et de la Relativité – Théorie Dite de l'Abus des Droits*, 2ª ed., Paris, 1939), Campion (*La Théorie de l'Abus des Droits*, 1925) e Virgilio Giorgianni (*L'Abuso del Diritto nella Teoria della Norma Giuridica*, Milão, 1963).

Na legislação alienígena a teoria do abuso do direito iniciou-se com o capítulo da responsabilidade civil; ou, por outro lado, derivado da noção de "culpa" do art. 1.382 do CC francês. Mazeaud (*Responsabilité Civile*, ns. 547 e 576) e Demogue (*Traité des Obligations en Général*, vol. IV, n. 634) consideram muito extensa a noção do art. 1.382 para abranger o abuso do direito, que para eles não é senão variedade do ato ilícito (Soudart, *Traité Général de la Responsabilité*, 4ª ed., vol. I,

contra-se no Anteprojeto da Lei Geral de Aplicação das Normas Jurídicas, de autoria de Haroldo Valladão, que indica as verdadeiras dimensões do art. II nos seus devidos termos: "Não será protegido o direito que for ou deixar de ser exercido em prejuízo do próximo ou de modo egoísta, excessivo ou antissocial".

Tão grande é a importância do combate ao abuso de direito, que foi erigido à categoria de preceito constitucional em vários Países (Constituição da Argentina, art. 35; Portugal, art. 271º; Japão, art. 12; Espanha, art. 106). Como poderemos assinalar expressamente:

Constituição do Japão, art. 12: "A liberdade e os direitos garantidos ao Povo por esta Constituição serão mentidos pelo esforço constante do Povo, o qual abster-se-á de qualquer abuso dessas liberdades e direitos e sempre se responsabilizará pela utilização dos mesmos em prol do bem público".

Já dizia a Constituição brasileira de 1891 (art. 65, § 2º): "Em geral, todo e qualquer *poder*, ou *direito* que lhes não for negado por cláusula expressa ou implicitamente contida nas cláusulas expressas da Constituição".

Foi Marcel Waline, em síntese lapidar, o objetivo separador das duas noções: "Il ya abus du droit, ou des droits, lorsque quelqu'un a usé de son droit dans un but antisocial, méchant ou malveillant, qui ne peut donc être l'usage que le législateur avait prévu que l'on ferait de ce droit lorsqu'il l'a consacré. Il ya de même détournement de pouvoir lorsqu'une autorité administrative a usé d'un pouvoir qu'elle tient de la loi, mais dans un but différent de ce que le législateur avait prévu" (*Précis de Droit Administratif*, cit., § 654).

José Cretella Jr. distingue *abuso* e *desvio de poder* (*Do Desvio de Poder*, São Paulo, 1964, p. 18). Segue-se a linha de Carnelutti, para quem "eccesso di potere è nozione che esprime, invece, la appartenenza non al difetto del potere, ma il suo impiego al di là dai limiti consentiti e perciò il contrasto tra la posizione e la forma dell'atto (...)" (*Sistema*, vol. II, 427).

Também Caio Tácito declara ser o desvio de poder uma das formas de abuso de poder previstas na Constituição (*Desvio de Poder em Matéria Administrativa*, tese de concurso, 1951, p. 81; v. também: Manoel de Oliveira Franco Sobrinho, *Curso de Direito Administrativo*, São

Paulo, Saraiva, 1979, p. 186; Celso Antônio Bandeira de Mello, *Discricionariedade e Controle Jurisdicional*, 2ª ed., 10ª tir., São Paulo, Malheiros Editores, 2010, pp. 49 e ss.).

Em observação de Seabra Fagundes, o abuso de poder é mais próprio do direito penal que do direito administrativo – ponto rebatido por Castro Nunes, que mostra a autoridade legalmente investida da função ou competente para o ato; no exercício dessa função verifica-se o abuso (*Do Mandado de Segurança*, 7ª ed., 1967, p. 141).

Bardesco faz analogia do abuso de direito com o *détournement de pouvoir* no direito administrativo. Afirma que o administrador não pode servir-se de seu poderes, de sua função, em vista de um fim, mas em razão do objetivo conferido pelo Poder Público. Os direitos individuais podem ser considerados como funções (Bardesco, *L'Abus du Droit*, Paris, 1913, "Introdução").

6
LIMITES DO ABUSO DE PODER

Entre os conceitos existentes em nosso sistema constitucional, um não mereceu estudo circunstanciado: o relativo ao *abuso de poder*, ínsito nas Cartas anteriores como fonte propiciadora do socorro aos remédios constitucionais do *habeas corpus* e do mandado de segurança.

Não encontramos na literatura jurídica nacional apreciação sistemática sobre o abuso de poder. Acresce, no entanto, o desejo levado a cabo por ilustres escritores jurídicos na consecução de um estudo sobre abuso de poder, mas suscitando polêmicas e dúvidas quanto à sua origem do ponto de vista nacional, o *nomen juris* e a evolução que sofreu no Direito pátrio. Não há a menor dúvida de que Rui Barbosa foi toda ela consagrada ao combate ao abuso de poder.

Tentaremos levar a cabo uma apreciação sobre o abuso do direito e o abuso de poder, as derivações, as relações do direito com o poder – enfim, sua projeção no campo jurídico e as soluções necessárias ao combate aos desmandos oriundos do uso indevido do direito e do poder.

O poder está implícito na ação da autoridade, porque o Direito concede esse poder. Porém, quando ela exorbita, ultrapassa na sua atividade, então, aí caracteriza-se o abuso de poder, que deveria ser exercitado dentro de certos limites.

Os limites da extensão do poder estão nos exatos termos da configuração do poder e do seu exercício pretensamente desenvolvido. Mas não é tarefa fácil definir esses limites, porquanto a sede de poder, os desmandos, os desregramentos, influem substancialmente no condicionamento do exercício do poder. Por isso, Rui afirmou: "Poder não é ter obrigação de fazer alguma coisa, não é estar adstrito a praticar alguma ação. É ter o direito, a competência, a autoridade para uma função, para um ato, para uma coisa. Usará dessa autoridade, exercerá essa competência, quando caiba, quando importe, quando julgue. Não obrigatoriamente. Não fatalmente. Não cegamente. Mas apreciativamente. Mas discricionariamente. (...) Claro está que em todo poder se encerra um dever: o dever de não se exercitar o poder, senão dadas as condições, que legitimem o seu uso, mas não deixar de o exercer, dadas as condições que o exijam" (*Obras Completas de Rui Barbosa*, v. 47, t. 3, 1920, p. 23).

Assim, a exigência do poder para o seu exercício é de meridiana necessidade, sem a qual ou se concederá além do requerido – e aí haverá o abuso – ou, então, requisitado o exercício, não o fizer.

Por isso, o poder tem necessidade de tutela para preservar a intangibilidade dos direitos, principalmente o direito individual, tão sublime como um dos maiores ideais de justiça e dever. No entanto, nem sempre o detentor do poder compreende ou pode aquilatar a expressão dos seus atos, o alcance de suas ações, e o exercita segundo as regras legais mas excessivamente, assim acarretando o abuso desse poder. Sabiamente forjou-se o remédio para esse mal, essa idiossincrasia jurídica aos desmandos. Vamos encontrar a fórmula de combate nos idos de 1215 na extraordinária conquista da Magna Carta. Seus efeitos fizeram-se sentir pelos tempos, até se consolidar no mais puro e cristalino dos direitos, isto é, o socorro ao benefício do *habeas corpus*. Mas a vida jurídica brasileira é fértil de exemplos de primazia, de eloquência e conquistas. E isto verificamos na doutrina brasileira do *habeas corpus*, capitaneada pelo grande líder das liberdades individuais, Pedro Lessa, quando a jurisprudência mais uma vez adiantou os contornos de um novo instituto, hoje bem difundido: o *mandado de segurança*. Essas duas medidas defensoras do direito líquido e certo da liberdade individual estão colocadas no pedestal das grandes conquistas do Homem no terreno jurídico, a fim de preservá-lo da ilegalidade e do abuso de poder, por vezes tomado por outras denominações, mas que tem no Brasil delineamentos singulares, não se igualando a outros similares estrangeiros (Seabra Fagundes, *O Controle dos Atos Administrativos pelo Poder Judiciário*, 4ª ed., p. 307).

Há várias formas de abuso de poder. No entanto, neste estudo interessa-nos o ponto de vista constitucional, isto é, a posição do abuso de poder diante do texto constitucional, sua existência nos vários atos da vida jurídica, quando eivados de abuso de poder e suscetíveis de combate através do mandado de segurança ou do *habeas corpus*.

Trata-se de vício no ato praticado por autoridade que, no exercício de poder, não atinge seus objetivos, o bem público ou a finalidade de sua ação. Não se trata de exercício fora da lei – assim teríamos a ilegalidade; nem da usurpação de função – aí teríamos crime. Porém, a atividade de poder não exercido com as cautelas devidas, que ultrapassa os limites da sua ação, nem sempre exercida dentro das suas atribuições (Rafael Bielsa, *Derecho Administrativo y Ciencia de la Administración*, 2ª ed., vol. I, p. 165) ou finalidades (Themístocles Cavalcanti, "O princípio de legalidade e o desvio de poder", *RDA* 85/1; Manoel de Oliveira Franco Sobrinho, *Da Competência Administrativa*, São Paulo, 1977; Celso Antônio Bandeira de Mello, "Desvio de poder", *RDP* 89/24, São Paulo, Ed. RT). Em suma, Hauriou sintetizou bem a atitude do administrador no abuso de poder: a autoridade administrativa, ao praticar ato de sua competência, não cometendo violação da lei, usa o poder para um fim e por motivos diversos daqueles que lhe foram conferidos (*Précis Élémentaire de Droit Administratif*, p. 197; v. também Hely Lopes Meirelles, *Direito Administrativo Brasileiro*, 37ª ed., São Paulo, Malheiros Editores, 2011, pp. 112-113).

7
O ABUSO DO PODER NOS VÁRIOS RAMOS JURÍDICOS

7.1 Direito administrativo. Poder discricionário e poder de polícia. 7.2 Direito penal: 7.2.1 O abuso de poder caracterizado como circunstância agravante da pena – 7.2.2 O crime cometido com abuso de poder e as penas restritivas de direitos – 7.2.3 O aumento da pena em decorrência do abuso de poder – 7.2.4 O crime praticado com abuso de poder na órbita da Administração. 7.3 Direito processual. 7.4 Direito tributário. 7.5 Direito eleitoral. 7.6 Direito Internacional. 7.7 Abuso do poder eclesiástico.

7.1 Direito administrativo. Poder discricionário e poder de polícia

No direito administrativo o abuso de poder cresce de importância, porque nos atos de autoridade ele é encontradiço. Daí a Constituição deferir o mandado de segurança contra ato de autoridade responsável por ilegalidade ou abuso de poder (art. 5º, LXIX) (Caio Tácito, *Temas de Direito Público*, vol. 2, p. 1.116; Víctor Nunes Leal, "Reconsideração do tema do abuso de poder", *RDA* 144; Afonso Rodrigues Queiró, "Desvio de poder em direito administrativo", in *Estudos de Direito Público*, vol. I, Lisboa).

A apreciação do abuso de poder é outra questão, porquanto o exame desse abuso pode trazer complexidade ao Judiciário. Essa objeção foi ultrapassada pelos doutrinadores, entre eles Caio Tácito, para quem parece inequívoco que a melhor doutrina está em permitir ao Poder Judiciário informar-se da legalidade do ato com apoio tanto nas questões de direito como na matéria de fato (*Desvio de Poder em Matéria*

Administrativa, 1951, e *Direito Administrativo*, São Paulo, Saraiva, 1975; v. a opinião do Min. Gonçalves de Oliveira in *RDA* III/69 e I/193; Maria Sylvia Zanella Di Pietro, *Discricionariedade Administrativa na Constituição de 1988*, 1991, p. 168). De longa data o STF admitiu o exame da matéria de fato a fim de aquilatar a existência de abuso de poder. Na doutrina alienígena, Henri Welter observava que a autoridade administrativa encarregada de assegurar a execução das leis "a reçu un pouvoir discrétionnaire pour aprécier, dans chaque espèce, en faisant état des circonstances de fait et, parfois, de raisons d'opportunité et de bonne administration, si le teste était ou n'était pas aplicable" (*Le Contrôle Juridictionnel de la Moralité Administrative*, p. 36; v. também Antônio Carlos de Araújo Cintra, *Motivação do Ato Administrativo*, São Paulo, Ed. RT, 1979, p. 150).

Por vezes é necessário o exame da matéria de fato para excluir a possibilidade de abuso de poder no ato expropriatório (*RT* 129/689; Carlos Medeiros Silva, in *RDA* 11/383; Caio Tácito, "Desapropriação e desvio de poder", *RDA* 26/223; Manoel de Oliveira Franco Sobrinho, *Desapropriação*, 2ª ed., p. 89).

Outras decisões firmaram-se norteando o exame da matéria de fato, porque o exame superficial, pela rama, de nada valeria na salvaguarda dos direitos individuais, princípio tão legítimo. Assim, enunciaremos outras decisões do mesmo teor:

(a) Apreciação da pena disciplinar pelo Judiciário no tangente à legalidade extrínseca ou intrínseca (*RDA* 24/153).

(b) Anulação pelo Judiciário de ato da Administração reputado incurso em abuso de poder (RE 34.389).

(c) Revogação pura e simples de ato administrativo sem motivação idônea (*RF* 212/91).

A egrégia Corte tornou a discutir o âmbito do exame do abuso de poder no RMS 16.912 (rel. Min. Djaci Falcão). Nesse caso o Min. Víctor Nunes levantou a questão do exame da matéria de fato pelo Poder Judiciário a fim de identificar o abuso de poder. Retrucou o Min. Aliomar Baleeiro lembrando fatos ocorridos na Suprema Corte americana, com excessos nos exames dos casos levados a ela. Mostrou, então, o Min. Víctor Nunes seu ponto de vista, já evidenciado em outra ocasião (*RDA* 14/67), afirmando sua opinião no fato da preservação do equilíbrio e ponderação do Poder Judiciário, que de forma alguma poderá utilizar os instrumentos legais para transformar o arbítrio administrativo no arbítrio judiciário. Sem dúvida, foi oportuno o temor do Min. Baleeiro. No entanto, devemos concluir esta longa controvérsia sobre a possibilidade, ou não, do exame da matéria de fato pelo Poder Judiciário assinalando que nenhuma lesão de direito ficará imune à apreciação judicial (art. 5º, XXXV, da CF). Se de fato existir o abuso de poder, necessariamente haverá uma lesão de direito (Víctor Nunes, in *RDA* III/71, nota). E, por isso, é dever do servidor público representar contra abuso de poder (Lei 8.027, de 12.4.1990, art. 2º, XI).

Roger Vidal, ao estudar a evolução do desvio de poder, assevera: "Com efeito, essa expressão, criada, ao que parece, por Aucoc e vulgarizada por Laferrière, se aplica ao ato pelo qual uma autoridade tenha usado seus poderes numa finalidade diferente daquela em virtude da qual tais poderes lhe foram conferidos" ("A evolução do desvio de poder na jurisprudência administrativa", *RF* 155/56, Rio de Janeiro, Forense).

Em julgamento do STF, decidiu a Corte sobre hipótese de abuso de poder onde a autoridade, por excesso de zelo, acarretara prejuízos. Diz o acórdão: "Constitui abuso de poder, a justificar a concessão de segurança, o ato da autoridade de condicionar o pagamento dos vencimentos dos servidores públicos locais à apreciação final do desvio do competente numerário" (*RTJ* 68/229).

O Poder de Polícia significa a limitação de uma atividade pela autoridade pública, no interesse público (Clóvis Beznos, *Poder de Polícia*, São Paulo, Ed. RT, 1979).

Através do poder discricionário a Administração pratica atos com liberdade de escolha, conveniência, oportunidade e modo de realização. Como afirma Bartolomeu Fiorini, a discricionariedade é faculdade adquirida pela Administração para assegurar os meios realizadores do fim proposto pelo Poder Público. O ponto fundamental do poder discricionário está no atendimento ao fim legal, que, extravasado, acarreta o abuso de poder (Hely Lopes Meirelles, *Direito Administrativo Brasileiro*, 37ª ed., São Paulo, Malheiros Editores, 2011, p. 112). Apesar de discricionário, o ato deve conformar-se à finalidade legal (TJSP, in *RDA* 36/121)

Exatamente neste ponto da finalidade que Celso Antônio Bandeira de Mello, ao dissertar sobre a discricionariedade, assinala que no desvio de poder o comportamento do agente, em geral por "móvel" viciado, está em descompasso com a finalidade comportada pela regra de competência ("Discricionariedade administrativa e controle judicial", *RDP* 32/28, São Paulo, Ed. RT; *Discricionariedade e Controle Jurisdicional*, 2ª ed., 10ª tir., São Paulo, Malheiros Editores, 2010, pp. 86 e ss.).

Não concordamos com as observações de Seabra Fagundes, que, com sua mestria costumeira, argumenta ser irrelevante a distinção entre *ilegalidade* e *abuso de poder*. A Constituição quis reforçar o mandado de segurança e o *habeas corpus*, repetindo a arguição de ilegalidade e abuso de poder (*O Controle dos Atos Administrativos pelo Poder Judiciário*, 4ª ed., p. 271).

Por isso, o STF em vários arestos distinguiu nitidamente a ilegalidade do abuso de poder, deferindo a revogação do ato administrativo por outro, devidamente motivado, com a indicação da ilegalidade a ser reparada, a fim de que não incida em abuso de poder (MS 12.512, *RF* 212/98; *RF* 212/91; RMS 16.935).

Em direito administrativo de há de distinguir o *abuso de poder* do *desvio de finalidade*. Neste, como diz a Lei da Ação Popular (Lei 4.717/1965), o ato é praticado visando a fim diverso daquele previsto, explícita ou implicitamente, na regra de competência. Acentue-se, ainda, o dever de moralidade administrativa (CF, art. 37; Maria Sylvia Zanella Di Pietro, *Discricionariedade Administrativa na Constituição de 1988*, cit., p. 98).

Em matéria de licitação admite-se a anulação da concorrência, sendo possível a existência de abuso de poder nesse ato (J. Nascimento Franco e Nisske Gondo, *Concorrência Pública*, São Paulo, Ed. RT, 1969, pp. 85 e 101; Hely Lopes Meirelles, *Direito Administrativo Brasileiro*, cit., 37ª ed., p. 329; Adilson de Abreu Dallari, *Aspectos Jurídicos da Licitação*, São Paulo, 1973, pp. 91 e 94; Hely Lopes Meirelles, *Licitação e Contrato Administrativo*, 15ª ed., São Paulo, Malheiros Editores, 2010, p. 223).

7.2 *Direito penal*

O abuso de poder encontra-se comumente no âmbito do direito penal, talvez pela atividade mais acentuada da autoridade pública, ao con-

O ABUSO DO PODER NOS VÁRIOS RAMOS JURÍDICOS 73

trário de outros ramos do Direito, onde aquela não atua com frequência. Por isso, encontraremos o maior número de dispositivos onde aparece a noção de abuso de poder quando haja a participação de autoridade ou funcionário público (Luigi Storni, *L'Abuso di Potere nel Diritto Penale*, Milão, Giuffrè, 1978).

7.2.1 O abuso de poder caracterizado como circunstância agravante da pena

A pena agravar-se-á pelo crime cometido com abuso de poder ou violação de dever inerente a cargo, ofício, ministério ou profissão (art. 61, II, "g", do CP). Na alínea "f" do inciso II do art. 62 do CP ficou caracterizado o abuso de autoridade como agravante, mas parece-nos não haver razão para essa distinção, pois a primeira noção (*abuso de autoridade*) engloba também a outra (*abuso de poder*) (Roberto Lyra, *Comentários*, vol. II, p. 291; Carvalho Santos, *Repertório Enciclopédico do Direito Brasileiro*, vol. I, p. 360; Pedro Vergara, *Circunstâncias Agravantes*, p. 264), mas o espírito do Código quis diferenciar as categorias, acrescentando outra: o *abuso de função* (art. 151, § 3º).

No Código de 1890 o abuso de poder e o de autoridade identificavam-se (Título V, Capítulo Único, Seção VI – arts. 226, 229 e 230).

Quanto à discriminação existente no Código Penal entre abuso de autoridade e abuso de poder (art. 61, II, "f" e "g"), apenas justifica-se por um requinte de minúcia, enquadrando entre os casos de abuso de autoridade aqueles não enquadráveis no desempenho de cargo, ofício, ministério ou profissão (Pedro Vergara, *Circunstâncias Agravantes*, cit., pp. 266 e 277; Roberto Lyra, *Comentários*, cit., vol. II).

Essa agravante poderá ocorrer no crime praticado por funcionário público ou não, porque o art. 327 do CP define "funcionário público" para efeitos penais como aquele que exerce, ainda que transitoriamente ou sem remuneração, cargo, emprego ou função pública. No entanto, o art. 61, II, "g", aponta o abuso de poder "inerente a cargo, ofício, ministério ou profissão", sem expressar a qualificação "público". Essa definição nem sempre coincide com a doutrina e a legislação ("funcionário é a pessoa legalmente investida em cargo público" – art. 2º da Lei 8.112/1990; Waline, *Traité de Droit Administratif*, p. 324; Zanobini, *Corso*, vol. III, p. 192; Cino Vitta, *Diritto Administrativo*, vol. I, p. 175).

Já na Constituição de 1891 os funcionários públicos eram responsáveis por abusos no exercício dos cargos (art. 82), bem como na Constituição de 1824 os ministros de Estado eram responsáveis por abuso de poder (art. 133, III), bem como os juízes de direito e oficiais de justiça (art. 156).

Cargo é o conjunto de atribuições e responsabilidades dadas a um funcionário (art. 3º da Lei 8.112/1990), ao passo que *ofício* é profissão ou modo de vida habitual, não se caracterizando como função pública (carpinteiro, alfaiate, pintor), exceto o cargo público judicial exercido por serventuário (tabelião, partidor, contador). *Ministério* é o exercício de determinado ofício, profissão ou cargo (sacerdote). Já *profissão, in casu*, refere-se ao exercício independente de ação num trabalho, onde se aplicam os conhecimentos de um setor, de forma liberal (médico, engenheiro, advogado).

7.2.2 O crime cometido com abuso de poder e as penas restritivas de direitos

A perda da função pública é um dos efeitos da condenação previstos no nosso ordenamento penal em decorrência de condenação a pena privativa de liberdade por crime cometido com abuso de poder (CP, art. 92, I). É um corolário, uma consequência, da desqualificação para o exercício daquele poder que foi abusado.

Se um indivíduo, na sua função pública, abusa de seu poder, ele está usando arbitrariamente aquele poder sobre um paciente submetido a ele por dever de hierarquia ou submissão; por isso, indefeso.

Há a possibilidade de reabilitação do criminoso, por isso lhe é dada a suspensão condicional da pena privativa de liberdade (art. 77), porém ela não se estenderá à pena restritiva de direitos (art. 80).

7.2.3 O aumento da pena em decorrência do abuso de poder

O art. 61 prevê o aumento ou diminuição da pena em face de singularidades ou circunstâncias que ocorram no crime. Neste caso está o crime de violação de domicílio quando cometido por funcionário público com abuso de poder (CP, art. 150, § 2º). Prevê a lei penal um *plus* no crime praticado por funcionário público porque se revela um tripúdio sobre a inviolabilidade do domicílio, porquanto o funcionário público, aparentemente portador de condições legais para investir sobre o domicílio alheio, não pode usar desse poder para intimidar ou impor sua condição de agente investido de mandamento legal. Há, naturalmente, exasperação da pena, porque a sociedade não pode ficar ao nuto de uma autoridade pública que deseja entrar ou permanecer em casa alheia clandestina ou astuciosamente ou contra a vontade expressas ou tácita de quem de direito. E por essa razão as Constituições brasileiras e estrangeiras erigiram ao nível de direito e garantia individual a casa como o asilo inviolável do indivíduo (Constituição de 1824, art. 179, 7º; de 1891, art. 72, § II; de 1946, art. 141, § 15; de 1967, art. 150, § 10; de 1988, art. 5º, XI). Na realidade, haverá a exclusão de crime se ocorrer o consentimento do ofendido, isto é, a permissão do titular do bem jurídico, consentindo na entrada do funcionário público, ainda que fora dos casos legais (Oscar Stevenson, *Da Exclusão de Crime*, p. 201).

Sabiamente, o Anteprojeto de Código de Processo Penal, de autoria de Hélio Tornaghi, explicitava os casos de *conceito negativo* de "casa", excepcionando do existente (art. 5º, XI, da CF) as tavernas, casas de jogos e outras do mesmo gênero, as habitações usadas como local para a prática de infrações penais (art. 397) – texto não incluído no atual Projeto.

7.2.4 O crime praticado com abuso de poder na órbita da Administração

O funcionário público, ao exigir para si ou para outrem vantagem indevida em razão da função pública, ainda que fora dela, ou antes de assumi-la, abusando de um poder inerente à sua condição de funcionário público, comete crime de concussão (art. 316 do CP). Este crime tem relação com a corrupção ativa, porque o funcionário que exige vantagem está corrompendo a função pública, e o Estado não pode admitir a presença de tal funcionário.

No excesso de exação (art. 316, § 1º), quando o funcionário "exige tributo ou contribuição social que sabe ou deveria saber ser indevido ou, quando devido, emprega na cobrança meio vexatório ou gravoso, que a lei não autoriza", está, em tese, beneficiando o Estado, mas este funciona em consonância com o indivíduo, procurando resolver problemas, e não impedindo as atividades humanas.

A usurpação de função pública (art. 328 do CP) ocorrente no seio da Administração não tem características nem relacionamento com o abuso de poder, porquanto o agente desse crime não está investido legalmente na função pública. Portanto, foge aos ditames conceituais do abuso de poder, em face da ilegalidade da intromissão de um indivíduo no aparelho administrativo do Estado, sem investidura legal. Por isso não há o abuso de poder, abuso de função caracterizador do crime praticado pelo funcionário. Por exemplo, no crime de violação de comunicação telegráfica, radiotelegráfica ou telefônica, consistente em indevidamente divulgar ou transmitir a outrem ou utilizar abusivamente comunicação telegráfica ou radiotelegráfica dirigida a terceiro, ou conversação telefônica entre outras pessoas, a pena será maior em face do abuso da função (art. 151, III, § 3º, do CP), porque o direito ao sigilo das comunicações telegráficas e telefônicas bem como a inviolabilidade da correspondência são matéria constitucional (art. 5º, § XII), defendida como um dos mais arraigados direitos do cidadão, ínsitos à sua liberdade. Assim, o Estado não poderá admitir a violação desse direito e dessa liberdade, mormente quando o agente a pratica abusando de função, porque ao Estado cabe velar pelas boas relações e interações humanas, impedindo choques e desavenças. Por isso considera crime o abuso da condição de sócio para o desvio, a sonegação, a subtração ou supressão de correspondência ou a revelação a estranhos do seu conteúdo (art. 152 do CP). Ainda podemos considerar a revelação de segredo conhecido em razão da função, ministério, ofício ou profissão (art. 154 do CP), muito corrente em época de guerra, com a proliferação da espionagem, que colabora para a eficácia dos nefandos crimes de guerra, já verificados na II Guerra Mundial, hoje estudados no direito penal internacional (Hans Heinrich Jeschek, "O estado atual e perspectivas futuras do direito penal internacional", *Revista Brasileira de Criminologia e Direito Penal* 10/53).

A inviolabilidade integral da pessoa é outra característica do Estado Moderno: a proteção às pessoas, às ideias e ao indivíduo. Por isso, desde a idade elementar protegem-se a vida e a saúde de pessoas submetidas à autoridade, guarda ou vigilância de alguém para fins de educação, ensino, tratamento ou custódia. É o caso dos internatos, dos abrigos de menores, dos reformatórios penais ou das casas de custódia (art. 136 do CP), evitando-se a violência, que, praticada no exercício da função pública, é considerada crime (art. 322 do CP); bem como o ato de autoridade impedindo ou embaraçando a liberdade da radiodifusão ou da televisão, fora dos casos autorizados em lei (Lei 4.117/1962, art. 72, na redação do Decreto-lei 236, de 28.2.1967). Segundo o Código de Processo Penal, a autoridade que não cumprir a ordem de soltura dada pelo *habeas corpus* será condenada nas custas se evidente o abuso de poder no constrangimento (art. 653).

A Constituição Federal assegura a qualquer pessoa o direito de representação contra abusos de autoridade (art. 5º, XXXIV, "a"). As Constituições anteriores também previam tal hipótese. E, assim, a Lei 4.898, de 9.12.1965, deu os lineamentos necessários ao exercício desse direito. No entanto, esse texto legal em seu título fala expressamente em "abuso de autoridade" – aliás, de acordo com o inciso constitucional –, porém há imprecisão terminológica, porque o texto emprega as expressões "abuso de autoridade" (art. 2º, parágrafo único), "abuso de poder" (art. 4º, "a"), "desvio de poder" (art. 4º, "h") e "abuso de função" (art. 1º), sem conceituá-las ou batizar os devidos significados. Lançou-se o caos, já existente em nossa legislação no concernente à conceituação das quatro expressões citadas.

A Lei 4.898/1965 discrimina (art. 3º) os casos de abuso de autoridade. Parece-nos que tratam de abuso de poder no devido emprego terminológico, porque os discriminados nada mais são que atos praticados com abuso de poder e desvio, sendo os primeiros perfeitamente amparados através do *habeas corpus* ou mandado de segurança. Vejamos:

(a) Liberdade de locomoção – Possibilidade de ir e vir sem molestamento através de coação.

(b) Inviolabilidade do domicílio – Preceito tradicional no direito público, a casa é o asilo inviolável do indivíduo, desde a Magna Carta, e ainda exposto nas Constituições.

(c) Sigilo da correspondência.

(d) Liberdade de consciência e de crença.

(e) Livre exercício de culto religioso.

(f) Liberdade de associação.

(g) Direitos e garantias legais assegurados ao exercício do voto.

(h) Direito de reunião.

(i) Incolumidade física do indivíduo.

(j) Direitos e garantias legais assegurados ao exercício profissional.

O art. 4º da lei acrescenta ao rol de casos de abuso de autoridade:

(a) ordenar ou executar medida privativa da liberdade individual, sem as formalidades legais ou com abuso de poder;

(b) submeter pessoa sob sua guarda ou custódia a vexame ou a constrangimento não autorizado em lei;

(c) deixar de comunicar, imediatamente, ao juiz competente a prisão ou detenção de qualquer pessoa;

(d) deixar o Juiz de ordenar o relaxamento de prisão ou detenção ilegal que lhe seja comunicada;

(e) levar à prisão e nela deter quem quer que se proponha a prestar fiança, permitida em lei;

(f) cobrar o carcereiro ou agente de autoridade policial carceragem, custas, emolumentos ou qualquer outra despesa, desde que a cobrança não tenha apoio em lei, quer quanto à espécie quer quanto ao seu valor;

(g) recusar o carcereiro ou agente de autoridade policial recibo de importância recebida a título de carceragem, custas, emolumentos ou de qualquer outra despesa;

(h) o ato lesivo da honra ou do patrimônio de pessoa natural ou jurídica, quando praticado com abuso ou desvio de poder ou sem competência legal;

(i) prolongar a execução de prisão temporária, de pena ou de medida de segurança, deixando de expedir em tempo oportuno ou de cumprir imediatamente ordem de liberdade.

Os acórdãos referentes a abuso de poder existem de longa data, mas não apontam os contornos definitivos, tal como se presta hoje a jurisprudência para fornecê-los.

Destacaram-se em data longínqua os arestos no âmbito penal, porque o campo administrativo não estava devidamente balizado e os institutos do direito administrativo não tinham adquirido a expressão devida, como estão recebendo hoje. Por isso a compreensão do aparecimento, hoje, das soluções judiciárias através dos acórdãos na seara do direito administrativo e outros ramos do Direito, não nos esquecendo da defesa criada pelas Constituições por meio do *habeas corpus* e do mandado de segurança no combate aos atos praticados com abuso de poder.

No âmbito penal mostram-se os tribunais infensos ao abuso de poder, principalmente das autoridades policiais, que usam arbitrariamente o poder legal, excedendo-se na ação. Exemplos encontramos diuturnamente:

(a) Autoridade policial que ordena a prisão de cidadão sem fundamentação em lei (*RT* 308/486).

(b) Comandante de destacamento policial que prende arbitrariamente um indivíduo dentro de sua residência, levando-o para a cadeia (*RT* 167/537).

(c) Execução de medida privativa de liberdade sem apoio em lei quando o agente se excede ou exorbita no exercício de suas próprias atribuições (*RT* 183/95).

(d) Castigo correcional aplicado por autoridade policial a indivíduo que teria praticado contravenção penal na via pública, sem flagrante (*RT* 156/49).

Em outros julgados evidenciou-se o abuso de poder da autoridade policial (*RT* 381/290, 341/278; 335/274, 329/511, 327/421, 304/473).

Constitui abuso de poder o ato de prefeito municipal que emprega subvenções, auxílios, empréstimos ou recursos de qualquer natureza em desacordo com os planos e programas a que se destinam (art. 1º, VI, do Decreto-lei 201, de 27.2.1967).

No Código de 1830 (art. 2º, § 3º) o abuso de poder consistia no uso do poder (conferido por lei) contra os interesses públicos, ou em prejuízo de particulares, sem que a utilidade pública o exigisse. Diz Braz Florentino (*Do Delito e do Delinquente*) que no regime anterior à Constituição Imperial a irresponsabilidade do governo se estendia a todos os fatos. Segundo Macedo Soares (Código Penal, 6ª ed., p. 448), o conceito é o mesmo no Código de 1890.

Rui, ao tratar do *habeas corpus* e abuso de poder, disse: "Se de um lado existe a coação ou a violência, e de outro lado a ilegalidade ou o abuso de poder, se a coação ou a violência resulta de ilegalidade ou abuso de poder, qualquer que seja a coação, desde que resulte de abuso de poder, seja qual for, ou de ilegalidade, qualquer que ela seja, é inegável o recurso do *habeas corpus*" (*Comentários*, vol. V, pp. 505 e 518).

Muito se discutiu sobre ser a Lei 4.898/1965 contrária ao abuso de autoridade. O STF decidiu que esse diploma legal não revogara o art. 322 do CP, que prevê o crime de violência arbitrária (*RTJ* 54/304 e 62/266). Aliás, a Constituição Federal assegura a qualquer pessoa o direito de representação contra abusos de autoridade. O crime de abuso de poder é de natureza civil; portanto, a qualidade especial da autoridade não desnatura sua caracterização. O STF abordou a questão, dispondo que, embora sendo a autoridade um militar, não se considera o crime como de natureza militar (*RTJ* 61/80).

A Lei 4.898, de 9.12.1965, ao regular o direito de representação e o processo de responsabilidade nos casos de abuso de autoridade, também incluiu entre os casos o ordenar ou executar medida privativa da liberdade individual com abuso de poder, ou o ato lesivo da honra ou do patrimônio de pessoa natural ou jurídica, quando praticado com abuso de poder. Esse diploma legal serve para apurar e punir o abuso, ao passo que o mandado de segurança ou o *habeas corpus* obstam aos efeitos do abuso.

Há duas figuras diversas: abuso de autoridade e abuso de direito?

Na prática verificaram-se casos de abuso de autoridade como atentado à incolumidade física, à semelhança do crime do art. 322, isto é, violência física (*RT* 394/267, 397/277 e 401/207).

Também é possível o abuso do direito de informar (STF, RE 208.685).

7.3 Direito processual

O juiz investido dos poderes decorrentes da função jurisdicional, na decisão da lide, não pode abusar do reto caminho indicado pela lei, pois a função judicial é uma das três funções do Estado, que organiza a Justiça a fim de dirimir os conflitos entre os indivíduos e grupos, através da atuação do direito objetivo e da dissipação das contendas (Pontes de Miranda, *Comentários ao Código de Processo Civil*, vol. I, 1974, p. 195).

A parte poderá, através de recurso extraordinário (art. 102 III, "a", da CF), levar ao STF a constatação de inconstitucionalidade de lei ou ato de governo local. No entanto, não poderá descumprir a lei sob a pecha de antinomia diante da Constituição, porquanto o remédio será a ação direta de inconstitucionalidade. Arguindo a inconstitucionalidade, entretanto, o governo interessado na aplicação do texto legal poderá suspender sua eficácia até o pronunciamento da egrégia Corte. Assim se decidiu na Rp 699-GB, ponto não assente na jurisprudência da Excelsa Corte, pois outros entendem ilegal a suspensão da vigência da lei (Gonçalves de Oliveira, *Novos Aspectos da Competência do STF*) e hoje a Constituição admite a medida cautelar suspensiva (CF, art. 102, I, "p").

Os poderes delegados ao juiz na relação processual são limitados, por isso seu exercício há de ser acautelado. Mas as variadas formas desses poderes constituem também uma multiplicidade de classificações entre os processualistas.

Dois gêneros distinguem-se: *poderes jurisdicionais* e *poderes de polícia*. Os primeiros são exercidos pelo magistrado na prática da função jurisdicional, como participante da relação processual. Dentre os *jurisdicionais* destacamos os *ordinatórios*, expressados em decisões destinadas ao encaminhamento processual (conhecimento executivo ou cautelar – art. 162 do CPC; os *instrutórios*, baseados no exame da prova e dos fatos e o recolhimento destes para formar a convicção em que se baseará a decisão; e *decisões finais*. Os *poderes de polícia* são aqueles exercidos na organização dos trabalhos forenses, através da disciplina dos atos exteriores ao processo, mas com ele relacionados. Para isso, o Código de Processo Civil e o Código de Processo Penal insculpiram normas estabelecendo competência aos magistrados para a manutenção da ordem, inclusive com a requisição da força pública, posta à sua disposição, impondo respeito e disciplina às audiências e sessões judiciárias. O Código de Processo Civil dá ao juiz poderes para conduzir a audiência, dizendo que o juiz exerce o poder de polícia (art. 445) para manter a ordem e o decoro na audiência e outras providências.

A expressão "poder de polícia" equipara-se àquela do direito administrativo? Entendemos que não. O Código quer se referir à condução da audiência; e, obviamente, quem conduz e disciplina deve ter poderes suficientes para manter a ordem. Portanto, essa expressão é indevidamente empregada no Código de Processo Civil (v. José de Moura Rocha, *Há Poder de Polícia no Art. 445 do Código de Processo Civil?*, Recife, 1976).

Desses poderes concedidos ao juiz na audiência podem decorrer abusos, que devem ser repelidos.

Verificamos desta rápida digressão sobre os poderes do juiz que a tutela jurisdicional condiciona os atos do magistrado. Ao juiz é dado um poder de polícia processual distinto do disciplinar, porque este se exerce "exclusivamente com pessoas ligadas ao juiz por um vínculo de dependência particular" (Manzini, *Trattato di Diritto Processuale Penale*, vol. I, p. 382). No entanto, não se negará às partes o acesso à demonstração cabal de seu direito; o juiz não o impedirá, do contrário haverá abuso do poder inerente à função judicante.

O excesso de poder dar-se-á quando o magistrado ultrapassar sua competência ou função ao se manifestar além do que lhe é cometido pela sistemática jurídica, ultrapassando os limites legais. Vale afirmar a parêmia "*Potestas judicis ultra id quod in judicium deductum ut nequaquam potest excidere*". Calamandrei adverte para o abuso de poder do juiz quando pretende exercer atribuições legais reservadas à Administração (*Diritto Processuale Civile*, vol. II, § 83).

Já o abuso de poder ocorrerá quando o juiz, usando a lei, não fixar normas ou decidir de acordo com os mandamentos legais, porém abusando de seu poder ou faculdade atribuída por esses mandamentos (José Raimundo Gomes da Cruz, "Justa causa e abuso de poder referentes à propositura da ação penal", *Justitia* 58/533; correição parcial na Justiça Federal – art. 6º, I, da Lei 5.010/1966, c/c o Decreto-lei 253, de 28.2.1967).

O magistrado moderadamente disporá do poder discricionário colocado à sua disposição, porém não poderá exercê-lo arbitrariamente (Raselli, *Il Potere Discrezionale del Giudice Civile*). Como exemplos citaremos, em relação à atribuição dada ao juiz para a fixação dos honorários advocatícios segundo os termos do art. 20 do CPC, quando o magistrado, abusando do poder conferido para o arbitramento da verba advocatícia, usa imoderadamente o poder legal; no referente à assinação de prazo para apresentação de documentos em juízo, se porventura o magistrado fixa o prazo de 48 horas para a apresentação de documentos que se acham no Estrangeiro: evidentemente, é impossível a apresentação dos mesmos no exíguo prazo. Mas o juiz está usando do poder conferido pela lei, porém abusando do mesmo. Discordamos de Pimenta Bueno quando define o abuso de poder do magistrado como o mau uso da jurisdição, ordenando ou permitindo o que a lei proíbe. Parece-nos evidenciar-se, aí, ilegalidade, e não abuso de poder (*Apontamentos sobre as Formalidades do Processo Civil*, p. 51).

Quanto ao poder discricionário do juiz, acentuou, com precisão, Alessandro Raselli que "l'essenza del potere discrezionale consiste nella mancanza di agire in determinati casi (...) può essere riconosciuto soltanto mediante criteri di convenienza" (*Il Potere Discrezionale del Giudice Civile*, cit., p. 21; v. também Celso Agrícola Barbi, "Os poderes do juiz e a reforma do Código de Processo Civil", *RF* 206/13, Rio de Janeiro, Forense).

Não olvidemos as palavras de Moacyr Amaral Santos lançadas contra o "processo totalitário" – expressão ultrapassada na processualística contemporânea, que se ainda se abebera nas fontes antigas e precisa joeirá-las –, a fim de assegurar ao indivíduo a segurança dada ao cidadão, jejuno em matéria legal, mas que requisita ao Estado a proteção estatal ao seu direito (*Revista de Direito Processual Civil* 1/30), porque a finalidade do processo é a verificação do fundamento da pretensão, e não a sua realização irrestrita (Manzini, *Trattato di Diritto Processuale Penale*, vol. I, p. 196). Por isso há o cuidado especial na apreciação da denúncia e na decretação da prisão preventiva, pontos iniciais do cerceamento da liberdade individual, princípio cristalino. Não se permitirá ao Ministério Público o abuso de poder de oferecimento de denúncia (*RTJ* 48/378). Nem se estenderá uma denúncia vazia, inepta, uma "pura criação mental da acusação" (HC 32.203, *RF* 393), porque o indivíduo será absolvido ou condenado por denúncia leviana e absurda que apresentou fatos e acontecimentos sem a presença do *fumus boni juris* para que ela represente autenticamente a sociedade falando através do representante do Ministério Público. Nestas condições anômalas, o STF tem, na situação de órgão máximo do Poder Judiciário, revisto estas injustiças, autênticos abusos de poder, concedendo *habeas corpus* exatamente porque a denúncia nada mais conseguiu revelar que um abuso de poder de denunciar perpetrado pelo Ministério Público. Mas para isso é obrigado ao exame perfunctório da prova; não aquela prova impossível de realização, como seja o transporte ao local do crime, o exame do corpo de delito etc., mas a prova palpável e imediatamente verificável. Assim decidiu-se no STF nos HC 39.131, rel. Min. Gonçalves de Oliveira, *RTJ* 23/235; 35.874, rel. Ministro Lafaiete de Andrada, *RTJ* 7/261; 42.397, rel. Min. Evandro Lins, *RTJ* 34/192; e 42.710, rel. Min. Hermes Lima, *RTJ* 36/132.

A prisão preventiva obrigatória, esta abjecta e intolerável medida, hoje abolida na sua forma compulsória (Leis 5.349, de 3.11.1967 e 12.403, de 4.5.2011) e já sabiamente extinta nos anteprojetos de CPP, desde o projeto Tornaghi, era uma ignomínia que não se coadunava com os ideais de liberdade. Como compensaríamos a absolvição de um indivíduo mantido preso preventivamente? Qual a responsabilidade do Estado pelos danos patrimoniais e morais causados? Por isso, acentuou Heleno Fragoso que o Estado não fornece as soluções, mas são evidentes os casos de abuso de poder na decretação da prisão preventiva facultativa ("Ilegalidade e abuso de poder na denúncia e na prisão ...")

7.4 Direito tributário

A faculdade jurídica do Estado de exigir contribuições de pessoas ou bens que se acham em sua jurisdição denomina-se "poder tributário". Não há unanimidade de opiniões quanto a essa expressão, adotando alguns a denominação "poder fiscal" (Bielsa) ou "poder de imposição" (Ingrosso; Vanoni, *Opere Giuridiche*, 37ª ed., vol. II; Blumenstein). Mas para nosso estudo parece-nos mais adequada a primeira expressão, considerada como poder geral do Estado utilizado em determinado setor da atividade estatal, a imposição (Hensel, *Diritto Tributario*, p. 27), que dimana do poder de império do Estado (Giannini, *I Concetti Fondamentali*, p. 103), da soberania do Estado (Myrbach/Rheinfeld, *Précis* ..., p. 105; Hensel, *Diritto Tributario*, cit., p. 32), da soberania territorial (Blumenstein, *Sistema* ...; Rubens Gomes de Souza, *Compêndio* ..., pp. 20 e 133) ou do poder geral do Estado (Hensel, *Diritto Tributario*, cit., p. 27; Mayer, *Derecho Administrativo*, t. II, p. 185; Pugliese, *Istituzioni* ..., p. 34; Tesoro, *Principi* ..., pp. 44, 46 e 47).

Nos Estados Unidos outro não é o significado do poder tributário (*taxing power*) senão o de poder soberano do Estado como forma de imposição, objetado na Argentina por Bielsa (*Estudios de Derecho Público*, p. 54).

O princípio da igualdade ante o tributo exposto no art. 16 da Constituição argentina já havia desaparecido das Constituições francesas, para prevalecer o princípio da igualdade ante a lei, coadunando-se com o princípio consagrado por Adam Smith, contribuição em proporção segundo as capacidades (*A Riqueza das Nações*, Livro 5, Capítulo 2). Parece-nos razoável este ponto de vista, adotado no Brasil (Giuliani Fonrouge, "Limitaciones al poder tributario", in *Derecho Financiero*, vol. I, p. 278).

Ao lado do poder tributário acha-se a *competência tributária*, que consiste na faculdade de exercício do primeiro, levando a correlação dos dois poderes a várias indagações.

Para o exercício do poder tributário é necessária a existência de capacidade econômica por parte do sujeito passivo – isto é, a capacidade contributiva para fazer face à imposição (Griziotti, Ingrosso, Trotabas, Jarach)? Opõem-se a este conceito Giannini e Berliri, considerando que ele não interessa ao jurista, e sim ao economista (Constituição italiana, art. 74).

As limitações ao poder tributário originam-se dos princípios constitucionais ou dos inerentes a eles, como sejam o excesso ou abuso (Ruy Barbosa Nogueira, *Da Interpretação e da Aplicação das Leis Tributárias*, p. 80; Marcel Waline, *Traité de Droit Administratif*, cit., § 748; Gaston Jèze, "O fato gerador do imposto", *RF* 104/37, Rio de Janeiro, Forense); ou para servir de aviso, como o pensamento de Georges Burdeau, para quem o poder financeiro é instrumento do poder político (*Pouvoir Politique et Pouvoir Financier*, p. 45).

Assim, a Constituição impede o *tributo confiscatório* (Aliomar Baleeiro, *Limitações Constitucionais ao Poder de Tributar*, p. 237), entendido como o que absorve todo o valor da propriedade, destruindo a empresa ou o exercício da atividade. É inerente à sistemática constitucional, porque esta defende o direito à propriedade (art. 5º, XXII).

A lei não poderá impedir, através de imposto excessivo, o exercício de trabalho, ofício ou profissão, bem como tolher a atividade profissional pela cobrança (Súmula 70 do STF: "É inadmissível a interdição de estabelecimento como meio coercitivo para cobrança de tributo"; RE 57.235, *RTJ* 33/99; Súmula 323: "É inadmissível a apreensão de mercadorias como meio coercitivo para cobrança de tributo"; RMS 14.130, *RTJ* 37/364; RMS 14.447, *RTJ* 34/171; RMS 14.583, *RTJ* 34/172).

O Estado tem o poder, mas não poderá exagerar no seu uso. Assim entendeu o STF, através da palavra do insigne Orozimbo Nonato: "O poder de taxar não pode chegar à desmedida do poder de destruir, uma vez que aquele somente pode ser exercido dentro dos limites que o tornem compatível com a liberdade de trabalho, de comércio e de indústria e com o direito de propriedade. É um poder cujo exercício não deve ir até o abuso, o excesso, o desvio, sendo aplicável, ainda aqui, a doutrina fecunda do *détournement de pouvoir*" (RE 18.331, *RF* 145/164).

Tratava a espécie de majoração do imposto da licença sobre cabinas de banhos na cidade de Santos, considerando os interessados excessivo e desproporcional o aumento de 600% sobre seu negócio, cerceando-lhes atividade lícita – portanto, contrariando o art. 141, § 14, da Constituição de 1946 (correspondente, hoje, ao art. 5º, XIII, da CF de 1988). A sentença de primeiro grau considerou inconstitucional o tributo, arrimada no art. 185 da Constituição de 1934, que vedava a elevação de imposto acima de 20%. Na segunda instância a decisão não foi favorável aos contribuintes, porque não se considerou ferido o inciso constitucional referente à liberdade da atividade profissional, razão que preponderou no acórdão do STF.

Quanto ao abuso de poder de multar, é outra questão interessante, assaz tratada nos tribunais, que ainda não encontrou solução equânime. Porém, a jurisprudência do STF inclina-se para uma atividade apreciadora da sanção quando julgada excessiva pelo multado, inclusive possibilitando ao Judiciário a redução da multa imposta (RE 57.904, *RTJ* 37/296; RE 55.906, *RTJ* 33/647; RE 60.964, *RTJ* 41/55).

Outras decisões, principalmente do egrégio TJSP, opõem-se a esta redução (*RT* 287/616, 237/570 e 289/697).

Por outro lado, impede-se a revisão do valor das propriedades imobiliárias, porque poderá causar abuso de poder no exercício da tributação, porquanto indiretamente o Estado aumentará o tributo no mesmo exercício. No entanto, assim por vezes não entendeu a jurisprudência (RMS 14.038, *RTJ* 32/453).

Ruy Barbosa Nogueira observa a inexistência de abuso de direito na utilização de formas jurídico-privadas, porque, "desde que o contribuinte tenha estruturado os seus empreendimentos, as suas relações privadas, mediante as formas normais, legítimas, do direito privado, e com essa estruturação incida em menor tributação, ele está apenas utilizando-se de faculdades asseguradas pela ordem jurídica. O Fisco não pode influir na estruturação jurídico-privada dos negócios do contribuinte, para provocar ou exigir maior tributação" (*Da Interpretação e da Aplicação das Leis Tributárias*, cit., p. 80).

Outra observação a fazer-se quanto ao poder de tributar foi trazida por Caio Tácito ao condenar a regularização de má situação financeira de ente administrativo por via do abuso na estipulação de tarifas ("Desvio de poder no direito do concessionário à renda do serviço", *RDA* 44/531). Por isso, acentua Aliomar Baleeiro a prudência do Código Tributário Nacional (art. 78, parágrafo único) quanto ao exercício do poder de polícia com finalidade pública e interesse social, sem desgarrar-se para o abuso ou desvio de poder (*Direito Tributário Brasileiro*, 2ª ed., p. 310; v. RE 70.475, *RTJ* 55/347; RE 87.514, *RTJ* 86/328; Geraldo Ataliba, *Empréstimos Públicos e seu Regime Jurídico*, São Paulo, 1972, p. 117). Através do lançamento – atividade vinculada do Poder Público para exigir o tributo – exerce-se importante atividade do Estado. Sem discutir a natureza do lançamento (declaratório ou constitutivo), por ele o Estado manifesta sua pretensão coercitiva de tributar. Daí a observação de Amílcar de Araújo Falcão para o cuidado com o mau uso desse poder de lançamento, que não pode chegar ao abuso de poder (*Fato Gerador da Obrigação Tributária*, 2ª ed., 1971, p. 110).

Quanto à possibilidade de revogação da isenção tributária ou de incentivo, a Súmula 544 do STF temperou o alcance dessa possibilidade.

No Direito Italiano vemos a consideração dessa revogação como abuso do poder legislativo: "La revoca legislativa degli incentivi economici costituisce un' ipotesi di eccesso di potere legislativo. Siffatta conclusione, come si è precisato innanzi, vale nei limiti in cui lo stato di fatto e di diritto (in altri termini, l'ambiente economico e giuridico) esistente al momento dell'entrata in vigore della legge-incentivo non sia mutato" (Aldo Loiodice, "Revoca di incentivi ed eccesso di potere legislativo", in *Scritti Alfonso Tesauro*, vol. II, Milão, Giuffrè, 1968, p. 861).

A doutrina brasileira enfrenta o abuso de direito no direito tributário, separa-o da elisão fiscal, da sonegação ou até da ilegalidade (Alfredo Augusto Becker, *Direito Tributário*, pp. 140 e 150; Helenilson Pontes, *Direito Tributário*, p. 112; Ricardo Lobo Torres, *Normas de Interpretação*, pp. 149 e 217; Heleno Torres, *Direito Tributário e Direito Privado*, pp. 333, 174 e 236; Luciano Amaro, *Direito Tributário*, p. 216).

7.5 Direito eleitoral

O Código Eleitoral prevê entre os casos de anulação da votação (art. 222) o desvio ou abuso do poder de autoridade em desfavor da liberdade do voto (art. 237), permitindo a qualquer eleitor ou partido político dirigir-se ao Corregedor-Geral ou Regional pedindo a abertura de investigação para a apuração desses fatos.

Antônio Tito Costa aponta na representação o meio para coibir atos abusivos das autoridades (*Recursos em Matéria Eleitoral*, p. 41).

Num País onde o sistema eleitoral se compadece de males insopitáveis, torna-se imperioso um combate efetivo às mazelas corruptoras, utilizando-se meios legais para a extirpação dos quistos destruidores dos lineamentos democráticos, cabendo aqui a observação de G. Burdeau: "Enfin, s'il est vrai que l'autorité gouvernemental est liée à la qualité humaine de ceux qui l'exercent, on doit considérer que le mode de scrutin n'est pas sans influence sur cette qualité du personnel gouvernemental" (*Traité de Science Politique*, t. IV, p. 290).

Essa observação já se tornou tradicional no regime representativo. Mas, graças à moralização das eleições, está se dissipando a corrupção política no Brasil, onde uma revolução foi feita (1930) a fim de extinguir a eleição "a bico de pena" e outros males eleitorais (Oliveira Viana, *Instituições* ..., vol. II, p. 609).

Mas, se a verdade eleitoral tem sido procurada, o combate à corrupção não pode transformar-se num mando despótico, onde a autoridade, usando mal o poder conferido, abusa do mesmo. Aí, virá a lei preservar o direito individual, garantido por meio das defesas constitucionais outorgadas aos cidadãos.

Por isso, o juiz eleitoral, senhor detentor do poder discricionário na presidência de uma eleição, não poderá abusar do poder inerente à sua função (João Camilo de Oliveira Tôrres, *A Propaganda Política*, p. 90).

Por outro lado, qualquer eleitor ou partido político poderá requerer abertura de investigações para apurar desvio ou abuso do poder de autoridade em benefício de candidato ou de partido político (art. 237, § 2º, do Código Eleitoral).

Um caso de abuso de poder no âmbito eleitoral foi examinado pelo TSE quando se apontava abuso de poder da autoridade constituída – no caso, o Governador do Estado – em favor de candidato à sua substituição, invocando-se o art. 237, § 2º, do Código Eleitoral: "Qualquer eleitor ou partido político poderá se dirigir ao Corregedor-Geral ou Regional, relatando os fatos e indicando provas, e pedir abertura de investigações para apurar uso indevido do poder econômico, desvio ou abuso do poder da autoridade, em benefício de candidato ou de partido político" (Acórdão 3.992, Rio Grande do Norte, *Boletim Eleitoral* 182/70-TSE).

Não podemos deixar de assinalar a influência dos grupos de pressão nas eleições através de ajuda financeira, difícil de ser provada; e, por extensão, a influência desses grupos sobre o Executivo, realizando-se através do poder de nomeação, entrave oposto pela Constituição Federal (Jean Meynaud, *Les Groupes de Pression en France*; Lcda Boechat Rodrigues, "Grupos de pressão e governo representativo nos Estados Unidos, Grã-Bretanha e França", *Revista Brasileira de Estudos Políticos* II/85; V. O. Dey, *Politics, Parties and Pressure Groups*; Dayton D. McKean, *Party and Pressure Politics*).

7.6 Direito Internacional

As observações do ponto de vista nacional podem ser transplantadas para o âmbito internacional quanto ao abuso de direito e ao abuso de poder, porque o abuso de poder das Nações fortes pode subjugar as Nações mais fracas, em detrimento do equilíbrio, tão desafiado, da harmonia entre os povos.

Assinala Hildebrando Accioly:

"Uma parte da doutrina e alguns tribunais internacionais já têm sustentado o princípio de que o abuso de direito – ou, como diz um autor contemporâneo, o 'exercício abusivo das competências conferidas aos Estados' – pode acarretar a responsabilidade internacional do Estado que o pratica (...).

"Nas relações internacionais, o que caracteriza o abuso de direito é, precisamente, o aludido exercício abusivo das competências possuídas pelo Estado" (*Manual de Direito Internacional Público*, p. 83).

Vicente Marotta Rangel aponta a opinião de Alvarez, para quem a exorbitância dos poderes pelo Estado pode configurar abuso de direito (*Natureza Jurídica e Delimitação do Mar Territorial*, p. 123; v. também

Luis García Arías, *La Doctrina del Abuso de Derecho en Derecho Internacional*; Alexandre Charles Kiss, *L'Abus de Droit en Droit Internacional*, Paris, 1953; José Francisco Rezek, *Direito dos Tratados*, p. 11).

7.7 Abuso do poder eclesiástico

João Camilo de Oliveira Tôrres, falando dos recursos por abusos das autoridades eclesiásticas, afirmou: "Este recurso é um importante meio de direito, uma valiosa garantia que se interpõe, invoca a proteção da Coroa em seu Conselho de Estado contra o uso ilegítimo da jurisdição eclesiástica, qualquer que seja, a fim de fazer cessar ou reprimir o abuso" (*O Conselho de Estado*, p. 62).

Segundo Pimenta Bueno, com sua autoridade de antigo membro do Conselho de Estado, este recurso funda-se na prerrogativa e obrigação natural e política que tem o soberano de proteger seus súditos e livrá-los das violências perpetradas (*Direito Público Brasileiro*, p. 293).

8

ABUSO DO PODER
NOS ATOS DOS PODERES
EXECUTIVO E LEGISLATIVO.
MINISTÉRIO PÚBLICO

8.1 Intervenção federal. 8.2 Estado de defesa e estado de sítio. 8.3 "Impeachment". 8.4 Comissões Parlamentares de Inquérito/CPIs. 8.5 Desapropriação. 8.6 Ministério Público. 8.7 Expulsão e extradição. 8.8 Abuso de autoridade.

8.1 Intervenção federal

Dentre as atribuições do Presidente da República, competem-lhe a decretação e a execução da intervenção federal (art. 84, X, da CF). Mas o Presidente da República não poderá abusar dos direitos outorgados nos casos relacionados pelo art. 34 da CF. Para Ernesto Leme o conhecimento dos casos de intervenção fica excluído da apreciação pelo Judiciário (*A Intervenção Federal*, p. 156).

A questão da intervenção federal foi muito discutida na Constituinte de 1946. O ponto crucial dos debates foi a excessiva faculdade concedida ao poder federal para a intervenção nos Estados, notando-se o receio dos constituintes quanto à elasticidade dessa competência (José Duarte, *A Constituição de 1946*, vol. I, p. 317).

Na Constituinte pretendeu-se restabelecer o texto de 1934 quanto à intervenção, sob a alegação de ter sido a Carta anterior, liberal, inspirada na tendência de reação à intervenção federal nos Estados, principalmente no debate da emenda relativa à intervenção para "repelir invasão estrangeira", do constituinte Adroaldo Mesquita da Costa, que não teve o apoio do constituinte Argemiro Figueiredo, este baseado em ponto de vista pessoal contra as intervenções, porque seu Estado, a Paraíba, já a sofrera. Ressaltou-se, na discussão, o temor ou dúvida quanto à concessão de poderes para a intervenção e a possibilidade de abuso dos mesmos.

Aníbal Freire, após considerar a intervenção um dos pontos mais importantes e difíceis do sistema federativo, porque nela está o ponto nodal do regime, não se opõe à intervenção, mas obtempera que seu exercício está na razão direta do pensamento político e da educação cívica do Presidente da República. Por isso, diz o saudoso jurista que o art. 6º da Constituição de 1891 deixava dúvidas quanto à sua execução (*O Poder Executivo na República Brasileira*, p. 184).

É necessário um freio ao abuso de poder da intervenção federal, atentando-se para as facilidades concedidas ao poder federal para a aventura intervencionista (Oswaldo Trigueiro, *A Descentralização Estadual*, p. 109). Observando Pedro Calmon, com assertiva válida para nosso tempo: "Evidentemente, a órbita legislativa da União de tal sorte se ampliou, e se restringiram os negócios peculiares aos Estados, na correção súbita da Federação, na expansão incoercível do Superestado, a invadir em todas as direções o campo da economia própria dos Subestados" (*Intervenção Federal*, p. 124).

8.2 Estado de defesa e estado de sítio

A Constituição de 1891 já previra o estado de sítio nos casos de agressão estrangeira ou grave comoção intestina (art. 48, 15), bem como atribuíra ao Congresso Nacional a declaração do estado de sítio em pontos do território nacional nas mesmas condições anteriores (art. 34, n. 21), princípios reiterados na Constituição de 1934 (art. 175), porém com mais amplitude e explicitação, dando ao instituto ao mesmo tempo a feição de poderosa arma ao Poder Executivo, bem como os meios de defesa contra esse poderio.

Assim outorgou-se ao Poder Legislativo a faculdade de autorização ao Presidente da República da declaração de estado de sítio em qualquer parte do território nacional na iminência de agressão estrangeira ou por insurreição armada. Mas foram enunciadas minuciosas observações a respeito do processo de estado de sítio, porque a República já sentira desde Floriano os efeitos e as consequências do estado de sítio. Por isso fixaram-se o prazo, as medidas excepcionais, as imunidades dos parlamentares e magistrados, governadores, secretários de Estado.

A Carta de 1946 (art. 206) foi minuciosa na enumeração concernente ao estado de sítio, à semelhança da de 1934 (José Duarte, *A Constituição de 1946*, vol. III, p. 392). No art. 209 enumerava as únicas medidas a tomar contra as pessoas na vigência do estado de sítio, bem como as medidas a serem efetivadas pelo Presidente da República. Na verdade, poderes concedidos ao chefe do Poder Executivo para a execução do estado excepcional. No entanto, esses poderes não podiam ser abusados. Mas perguntar-se-á: qual a medida a ser tomada na ocorrência dessa anomalia? O Congresso Nacional aprovaria ou não o estado de sítio, mas apreciá-lo-ia em tese, e não particularmente ou nalgum ponto.

A primeira questão surgida no tocante às garantias no estado de sítio e sua violação encontra-se no *habeas corpus* requerido por Rui Barbosa em favor dos presos políticos de 1892 (Almirante Wandenkolk, J. J. Seabra, Olavo Bilac e outros).

Rui apresentou ao Tribunal a tese da inconstitucionalidade do estado de sítio bem como serem sem validade as medidas repressivas decorrentes.

A pretensão do maior dos advogados brasileiros não foi acolhida, sob o fundamento de que o Presidente da República estava autorizado a impor o desterro e o estado de sítio, ficando a seu cargo e sob sua responsabilidade as medidas de exceção tomadas, baseadas na prudente discrição do Presidente, responsável pelos abusos que à sombra dos poderes possam ser cometidos, e que o Congresso Nacional deve aprová-lo ou não. Portanto, vislumbrando-se aí matéria política impossível de exame pelo Judiciário, ainda que houvesse lesão a direito individual.

Com essas considerações não concordou Pisa e Almeida, que conheceu do pedido, arrimado em fundamentos legais, invocando o art.

179, § 35, da Constituição imperial, que permitia a dispensa por tempo determinado de algumas das formalidades garantidoras da liberdade individual nos casos de rebelião ou invasão de inimigo. Asseverou o voto vencido a faculdade concedida ao Governo de efetuar prisões durante o estado de sítio, mas, levantado este, haveria, evidentemente, abuso de poder, amparado pelo *habeas corpus*.

Novamente Rui voltou à egrégia Corte, defendendo a tese da cessação dos efeitos do estado de sítio após seu término. No entanto, o STF, por maioria, negou a ordem sob o fundamento de que não cessam os efeitos do estado de sítio em relação às pessoas atingidas enquanto não apreciados pelo Congresso os atos do chefe do Poder Executivo (HC 1.063, 5.3.1898).

Posteriormente, no HC 1.073 (1898), o Supremo Tribunal alterou sua jurisprudência, concedendo, por maioria, a ordem, considerando a qualificação dos pacientes como congressistas, portanto impedidos de serem presos, exceto em caso de flagrante por crime inafiançável; ainda mais cessado o estado de sítio. Matéria novamente versada no *habeas corpus* impetrado por Rui em 1914, sobre a publicação dos debates parlamentares durante o estado de sítio, quando o *writ* foi concedido, nos termos do voto do Min. Sebastião de Lacerda, que considerou a palavra do congressista e a publicação desta como o corolário da imunidade.

Voltou o insigne causídico baiano ao Pretório Excelso defendendo a liberdade de imprensa durante o estado de sítio, tendo como Relator o notável Pedro Lessa, paladino das liberdades democráticas, que ficou vencido na concessão da ordem porque o Tribunal entendeu que a livre manifestação do pensamento pela imprensa é uma das garantias constitucionais suspensas em virtude do estado de sítio.

Mais tarde (1914) voltou a egrégia Corte a estudar o alcance do estado de sítio e seu exame pelo Poder Judiciário. Assinalou o Relator que o impetrante não apontara ilegalidade ou abuso de poder cometido durante o estado de sítio, por isso era levado a negar a ordem, porque a matéria pertencia ao exame do Congresso Nacional. Pedro Lessa discordou, vislumbrando ilegalidade na decretação daquele estado de sítio, redarguindo que se poderia argumentar com o caráter político da questão. No entanto, o Supremo Tribunal era um tribunal político, porque tinha a faculdade de declaração de inconstitucionalidade de lei; com o quê não concordou o Min. Guimarães Natal, para quem a função do Poder Judiciário é o conhecimento dos atos do Executivo quando exorbitantes das faculdades extraordinárias.

Na vigência da CF de 1946, no *habeas corpus* requerido em favor do Presidente Café Filho alegava-se abuso de poder na determinação da continuidade do impedimento declarado.

A Constituição de 1969 atribuiu ao Presidente da República a competência para determinar medidas de emergência e decretar o estado de sítio e o estado de emergência (arts. 81, XVI, e 155) nos casos de: grave perturbação da ordem ou ameaça de sua irrupção ou guerra.

Segundo o art. 136 da Constituição Federal de 1988, o Presidente da República pode, ouvidos o Conselho da República e o Conselho de Defesa Nacional, decretar estado de defesa para preservar ou prontamente restabelecer, em locais restritos e determinados, a ordem pública ou a paz social ameaçadas por grave e iminente instabilidade institucional ou atingidas por calamidades de grandes proporções na natureza. Nos casos de comoção grave de repercussão nacional ou ocorrência de fatos que comprovem a ineficácia de medida tomada durante o estado de defesa, ou de declaração de estado de guerra ou resposta a agressão armada estrangeira, poderá, nas mesmas circunstâncias, solicitar ao Congresso Nacional, relatando os motivos determinantes do pedido, autorização para decretar o estado de sítio.

O decreto que instituir o estado de defesa determinará o tempo de sua duração, especificará as áreas a serem abrangidas e indicará, nos termos e limites da lei, as medidas coercitivas a vigorarem, podendo ser restrições aos direitos de reunião, ao sigilo de correspondência e de comunicação telegráfica e telefônica; na hipótese de calamidade pública, a ocupação e uso temporário de bens e serviços públicos, respondendo a União pelos danos e custos decorrentes. O tempo de duração do estado de defesa não será superior a trinta dias, podendo ser prorrogado uma vez, por igual período, se persistirem as razões que justificaram a sua decretação. Na sua vigência a prisão por crime contra o Estado, determinada pelo executor da medida, será por este comunicada imediatamente ao juiz competente, que a relaxará, se não for legal. A prisão ou detenção de qualquer pessoa não poderá ser superior a dez dias, salvo quando autorizada pelo Poder Judiciário, vedada a incomunicabilidade do preso.

No caso do estado de sítio o decreto que o instituir indicará sua duração, as normas necessárias a sua execução e as garantias constitucionais que ficarão suspensas, e, depois de publicado, o Presidente da República designará o executor das medidas específicas e as áreas abrangidas.

Nos casos de comoção grave ou ocorrência da ineficácia de medida tomada durante o estado de defesa, o estado de sítio não poderá ser decretado por mais de trinta dias, nem prorrogado, de cada vez, por prazo superior; no outro caso, poderá ser decretado por todo o tempo que perdurar a guerra ou a agressão armada estrangeira.

Na vigência do estado de sítio decretado com fundamento nos casos de comoção grave ou de fatos que comprovem a ineficácia do estado de defesa, só poderão ser tomadas contra as pessoas as seguintes medidas: obrigação de permanência em localidade determinada; detenção em edifício não destinado a acusados ou condenados por crimes comuns; restrições relativas à inviolabilidade da correspondência, ao sigilo das comunicações, à prestação de informações e à liberdade de imprensa, radiodifusão e televisão, na forma da lei; suspensão da liberdade de reunião; busca e apreensão em domicílio; intervenção nas empresas de serviços públicos e requisição de bens. Mas não se inclui nessas restrições a de difusão de pronunciamentos de parlamentares efetuados em suas Casas Legislativas, desde que liberada pela respectiva Mesa.

Logo que cesse o estado de defesa ou o estado de sítio, as medidas aplicadas em sua vigência serão relatadas pelo Presidente da República, em mensagem ao Congresso Nacional, com especificação e justificação das providências adotadas, com relação nominal dos atingidos e indicação das restrições aplicadas.

A Constituição possibilitou o recurso ao Poder Judiciário no caso de inobservância de qualquer das prescrições relativas ao estado de sítio e aprovação ou suspensão deste pelo Congresso Nacional, dispositivo contrário ao *inter arma silent leges*, e favorável ao *cedant arma togae*.

8.3 "Impeachment"

Se, por um lado, o chefe do Poder Executivo, ao abusar do poder, incursiona na responsabilidade constitucional, *ipso facto*, não poderão os detentores dessa faculdade legal impedir o chefe do Poder Executivo, pois assim estarão incidindo no abuso de poder.

Mas argumentar-se-á: qual a defesa contra o abuso de poder no uso do *impeachment*?

Longamente assentou-se que o impedimento é medida política insuscetível de exame judicial.

Tese contraditada por outros (Aníbal Freire, ob. cit.), adotando nossa egrégia Corte o primeiro ponto, pois considerava da competência exclusiva do Poder Legislativo a apreciação do emprego, ou não, do *impeachment*, por isso vedando ao Poder Judiciário sua intervenção, nos termos da Constituição de 1891 (RvC 104, rel. Min. Américo Lobo, j. 11.10.1895), com o ponto divergente do Min. Américo Brasiliense, que julgava competente nosso mais alto Tribunal para o conhecimento da matéria. Esta decisão impeditiva foi reafirmada em 22.7.1899.

A jurisprudência do STF orientou-se no sentido da conceituação do *impeachment* como processo judiciário-legislativo, processo penal-político, e não exclusivamente político. Assim se decidiu no HC 41.396 (caso "Mauro Borges", de Goiás, *RTJ* 33/590), onde se apontava abuso de poder por parte do Presidente da República a fim de afastar o paciente do Governo do Estado de Goiás, consistente na instauração de inquérito policial-militar e outras medidas opressoras. Porém, fixou o egrégio Pretório a necessidade do processo de *impeachment* do Governador pela Assembleia Legislativa para processá-lo por crime de responsabilidade. Em outras oportunidades também assim decidiu o STF (Recurso Eleitoral 371, *RTJ* 33/224; RE 54.130, *RTJ* 38/264; RMS 11.622, *RTJ* 37/353; RMS 16.482, *RTJ* 38/112). Mais recentemente em relação ao Presidente Collor.

O Presidente da República poderá ser impedido do exercício do cargo pelo voto de dois terços dos membros da Câmara dos Deputados, quando acusado de crime de responsabilidade ou comum.

De vital importância para o País a legalidade para o impedimento do Presidente da República e o poder para sua declaração, excluindo, assim, o abuso desse poder.

Paulo Brossard de Souza Pinto não se apega ao conceito de "abuso de poder" e à possibilidade da ocorrência deste. Não o nega, porém, citando Pomeroy, para quem "the possible abuse of power is no valid objection to the existence of power"; lança-se ao ceticismo quanto à possibilidade da ocorrência do abuso de poder no impedimento do Presidente da República, periclitando a sobrevivência das instituições (*O Impeachment*, 2ª ed., 1992, p. 177).

Em verdade, o STF já teve oportunidade de apreciar esta questão no caso "Café Filho", quando o Presidente da República, impedido pelas Casas do Congresso, socorreu-se do *writ* constitucional alegando abuso de poder no ato que prorrogou seu impedimento (Paulo Brossard de Souza Pinto, *O Impeachment*, cit., 2ª ed.). O STF em 1992 examinou amplamente aspectos do *impeachment* durante o processo de impedimentos do Presidente Collor, e anteriormente em outra oportunidade (MS 20.941, *RTJ* 142/88).

8.4 Comissões Parlamentares de Inquérito/CPIs

As Comissões de Inquérito instituídas por uma das Casas Legislativas ou conjuntamente para examinar fato determinado têm se constituído fonte inesgotável de debates sobre seus poderes e alcance de suas atividades.

Aguinaldo Costa Pereira acha de bom alvitre o estabelecimento de princípios gerais norteadores da extensão do poder de investigar, seus limites e sua finalidade (*Comissões Parlamentares de Inquérito*, p. 65). Já Roberto Arnitz é preciso neste ponto, encontrando-se com a boa norma legal reguladora dessas Comissões quanto aos seus poderes para inquirir, não podendo agir sobre questões alheias à sua competência constitucional, estando seu processo limitado por essa competência – ponto, este, com o qual não concordamos, em face de sua extensão e sua ilimitação, que poderá gerar abusos (*Les Enquêtes Parlementaires d'Ordre Politique*, p. 9).

Perguntar-se-á se a Comissão Parlamentar de Inquérito poderá devassar assuntos particulares, firmas comerciais e escritas. Este problema foi suscitado na Comissão de Inquérito constituída para apurar o custo de fabricação do papel nacional (*Diário do Congresso* 15.5.1964), que desejava devassar os livros comerciais de empresa – o que contou com o repúdio de dois ilustrados pareceres de Francisco Campos (*RF*

195/71) e Nelson Hungria (*Revista Brasileira de Criminologia e Direito Penal* 10/137; v. também Pinto Ferreira, "As comissões parlamentares", *RF* 197/15; *RF* 185/39).

A Lei 4.595, de 31.12.1964, art. 38, § 3º, permitia às Comissões ampla investigação para obtenção de informações de instituições financeiras; mas aparentemente este inciso era de constitucionalidade duvidosa, porque atentava contra o princípio constitucional do sigilo de correspondência. Essa matéria está hoje regulada na Lei Complementar 105/2001.[7]

A polêmica acima citada surge diuturnamente, porque não há legislação que satisfaça a importância e o elevado prestígio dessas Comissões. A Lei 1.579/1952 regulou a criação das Comissões admitindo ampla ação nas pesquisas destinadas a apurar os fatos originários da sua constituição. No entanto, essa amplitude não tem encontrado limites, e geralmente as Comissões de Inquérito são formadas para examinar casos intrincados plenos de matéria política muito discutível, e por vezes a constituição delas deve-se a capricho ou perseguição política ("to persecute and convict men and group in a new form" – Willard Hensten), por isso dando margem ao uso abusivo ou exorbitante dos poderes instituídos em benefício dessas Comissões do Poder Legislativo, porque as Casas Legislativas, devido ao número excessivo de membros, não poderiam transformar-se em comissões para apurar fato determinado que estivesse a exigir a imediata atenção do Poder Legislativo.

Não nos move a pretensão do exame da natureza e constituição da CPI; apenas examinaremos os poderes dessa Comissão – tarefa não fácil, porque o poder concedido ou inerente às Comissões tem limites

---

7. "Art. 4º: O Banco Central do Brasil e a Comissão de Valores Mobiliários, nas áreas de suas atribuições, e as instituições financeiras fornecerão ao Poder Legislativo Federal as informações e os documentos sigilosos que, fundamentadamente, se fizerem necessários ao exercício de suas respectivas competências constitucionais e legais.

"§ 1º. As comissões parlamentares de inquérito, no exercício de sua competência constitucional e legal de ampla investigação, obterão as informações e documentos sigilosos de que necessitarem, diretamente das instituições financeiras, ou por intermédio do Banco Central do Brasil ou da Comissão de Valores Mobiliários.

"§ 2º. As solicitações de que trata este artigo deverão ser previamente aprovadas pelo Plenário da Câmara dos Deputados, do Senado Federal, ou do plenário de suas respectivas comissões parlamentares de inquérito".

nem sempre respeitados, apesar da gama de atividades inerentes ao Congresso no uso das suas investigações.

O Legislativo não poderá inquirir sobre negócios privados particulares (Mathews, *American Constitutional System*, p. 108). Mas essa investigação poderá estender-se aos casos de abuso de poder econômico (art. 173, § 4º, da CF) a serem reprimidos, caso haja o domínio de mercados, a eliminação da concorrência e o lucro exagerado ("Kilbourn *vs.* Thompson" (103 U.S. 168) e "John *vs.* U.S." (77 U.S. 1.173). A investigação de negócios individuais é ilegítima, não tendo relação com atribuições do Congresso ("John Watkins *vs.* U.S.", 77 U.S. 1.185).

A convocação pela Comissão de qualquer pessoa é assegurada legalmente para tomar o depoimento de qualquer autoridade federal (art. 2º da Lei 1.579). Será o Presidente da República considerado assim, para efeito de convocação?

Não se tem entendido nesse sentido. Truman negou-se a comparecer ao Congresso, sustentando a doutrina da separação dos Poderes e a independência da Presidência da República e por fatos anteriores ocorridos ao seu período, e invocou os precedentes negativos dos Presidentes Jefferson, Monroe, Jackson, Roosevelt etc. quanto ao comparecimento. No Brasil prevalece idêntica tese pela não convocação do Presidente da República por CPI (Nelson de Souza Sampaio, *Do Inquérito Parlamentar*, Rio de Janeiro, 1964).

O art. 58 da Constituição não instituiu as Comissões de Inquérito ultrapassando a competência do Poder Legislativo, com poder absoluto de investigação sobre todos os fatos e sobre tudo que desejar, nem para exercer genericamente coerção sobre indivíduos.

A Comissão de Inquérito restringir-se-á ao exame de fato que se enquadre dentro das atribuições do Poder Legislativo, entendida aqui a Comissão mista ou separada. Poderá a Comissão de Inquérito exercer seu poder. Não o fazendo, abusará, e o remédio constitucional será o *habeas corpus* ou o mandado de segurança (RHC 32.678, caso Samuel Wainer, e RHC 34823, caso Raul Gudolle) (Paulo Brossard de Souza Pinto, *Da Obrigação de Depor Perante as Comissões Parlamentares de Inquérito, Criadas pelas Assembleias Legislativas*, Porto Alegre, 1957).

Nos Estados Unidos a Suprema Corte foi chamada a se pronunciar sobre os poderes das Comissões de Inquérito do Congresso em importante questão ("Kilbourn *vs*. Thompson", 103 U.S. 168), e assim se expressou: "The Constitution declares that the Judicial Power of the United States shall be vested in one Supreme Court, and in such inferior Courts as the Congress may from time to time ordain establish. If what we have said of the division of the Powers of the government among the three departments be sound this is equivalent to a declaration that no Judicial Power is vested in Congress or either branch of it, save in the cases specifically enumerated to witch we have referred. If investigation wich the Committee was directed to make was judicial in its character, and could only be properly and successfully made by a Court of Justice, and if it related to a matter wherein relief or redress could be had only by judicial proceeding, we do not after what has been said, deem it necessary to discuss the proposition that the power attempted to be exercised was one confined by the Constitution to the judicial and not to the legislative department of the government, we think it equally clear that the power asserted is judicial and not legislative".

Nesse *case* ficou declarada a inconstitucionalidade das CPIs, como usurpação do poder judicial de processar e apenar crimes.

Esta posição foi alertada nos casos "McGrain *vs*. Daugherty" (1927) e "Sinclair *vs*. U.S." (1928).

Em 1955 a Suprema Corte pronunciou-se a propósito dos poderes das Comissões de Inquérito, afirmando o amplo poder de investigação dessas Comissões:

"The power to investigate, broad as it may be, is also subject to recognized limitations. It cannot be used to inquire into private affairs unrelated to a valid legislative purpose. Nor does it extend to an area in which Congress is forbidden to legislate. Similary the power to investigate must to not be confused with any of the power of law enforcement; those powers are assigned under our Constitution to the Executive and the Judiciary.

"Still further limitations on the power to investigate are found in the specific individual guarantees of the Bill of Rights, such as the Fifth Amendment's privilege against self-incrimination which is in issue here" (349 U.S. 161).

O *Chief Justice* Earl Warren, ao declarar-se no "Watkins *vs*. U.S.", assim colocou o poder do Congresso de investigar como inerente ao processo legislativo, sendo amplo, abrangendo inquéritos relativos a administração, cumprimento de leis, verificação de defeitos na organização social e econômica ou política, de modo que o Congresso possa indicar os remédios indispensáveis a sanar esses defeitos ou erros; porém esse poder não é ilimitado, não podendo o Congresso imiscuir-se em negócios privados de indivíduos, porque "nor is the Congress a law enforcement or trial agency. These are functions of the executive and judicial departments of government. No inquiry is and in itself; it must be related to, and furtherance of, a legitimate task of the Congress. Investigations conducted solely for the personal aggrandizement of the investigators or 'punish those investigated are indefensible'" (354 U.S. 187).

Ainda em relação ao Legislativo, lembremos a possibilidade do abuso de poder legislativo, isto é, a edição legislativa sem razoabilidade, a mostrar o excesso de poder (Gilmar Ferreira Mendes, *Controle de Constitucionalidade*, São Paulo, Saraiva, 1990, p. 38; Elival da Silva Ramos, *A Inconstitucionalidade das Leis*, São Paulo, Saraiva, p. 153; STF, SS 1999.01.00.076277-8; *RTJ* 172/35).

8.5 Desapropriação

A Lei das Desapropriações defere à autoridade administrativa a penetração em prédio declarado de utilidade pública para fins de desapropriação (art. 7º). Mas, havendo abuso de poder, cabe indenização por perdas e danos, além da ação penal pelo crime de abuso de poder (art. 350 do CP). Miguel Reale aponta abuso e desvio de poder em desapropriação: *RF* 200/53.

Ver decisão do STF aplicando a teoria do abuso de poder à desapropriação; em consequência, reajustando o preço da desapropriação: *RTJ* 77/583.

Questão interessante apreciada pela jurisprudência refere-se ao desvio da finalidade posta no decreto de declaração da utilidade pública: o imóvel não teve o destino previsto ou, ao invés de atender à pessoa jurídica de direito público, ele é destinado a entidade privada (*RDA* 41/203 e 36/261; v.: Manoel de Oliveira Franco Sobrinho, *Desapropriação*, 2ª ed., p. 85, e *Do Mandado de Segurança nas Desa-*

propriações, São Paulo, 1976; Hely Lopes Meirelles, *Direito Administrativo Brasileiro*, 37ª ed., São Paulo, Malheiros Editores, 2011, p. 670; Caio Tácito, in *RDP* 31/9 e "Desapropriação e desvio de poder", *RDA* 26/223).

Há opiniões não considerando a possibilidade de modificação do destino da desapropriação. Não concebem que a desapropriação por uma entidade pública, para determinado fim, seja transferida para outra entidade e para outro fim. Era a diretriz do Min. Eloy da Rocha no STF (*RTJ* 53/46; v. também Hélio Moraes de Siqueira, *A Retrocessão nas Desapropriações*, 1964, p. 28; Ebert Chamoun, *Da Retrocessão nas Desapropriações*, 1959, p. 69).

No RE 67.079 (*RTJ* 53/43) o Min. Themístocles Cavalcanti examinou detidamente essa questão, aplicando a teoria do abuso de poder às desapropriações:

"O Código Civil [*de 1916 – art. 519 do CC de 2002*], no art. 1.150, manda que o expropriante ofereça o imóvel ao expropriado pelo mesmo preço da desapropriação quando não lhe puder dar o destino pela qual o desapropriou.

"Alega-se, no caso, que se deu destino diverso, favorecendo entidades particulares.

"Colocaríamos a questão em termos de direito administrativo dentro do conceito do 'desvio do poder'.

"Assim, a questão de motivo aparente da desapropriação está em equação.

"Ela teria sido realizada com um objetivo, mas escondendo o motivo real, que é o de favorecer interesses particulares.

"É o que está nas origens do instituto, citando-se notadamente alguns casos famosos na Inglaterra e nos Estados Unidos.

"Na Inglaterra, no caso 'Rex *vs*. Minister of Health *ex parte* Davis', deu-se a um imóvel desapropriado um destino privado (W. Robson, *Justice and Administrative Law*, 3ª ed., pp. 435 e 483).

"Nos Estados Unidos no caso 'Movil *vs*. Jones' também o desvio do poder se verificou pelo excesso do poder regulamentar.

"O professor Caio Tácito é que mais tem defendido a penetração do exame judicial do 'erro do motivo', da 'justa causa', do 'mérito', da 'procedência do fundamento' e outras considerações sobre as quais se tem construído na França as doutrinas do *excès de pouvoir* e do *détournement de pouvoir* (*RDA* 36/78).

"Tenho, entretanto, sobre o assunto um ponto de vista mais moderado e que expressei na *RDA* 85/1, ao mostrar que em nosso sistema a questão se resume no exame da legalidade do ato e da sua motivação quando o motivo é manifesto, não sem deixar à Administração certa margem de apreciação do seu ato.

"No caso presente, o art. 1.150 do CC [*de 1916 – art. 519 do CC de 2002*] se refere expressamente ao 'destino da coisa', fórmula equivalente ao motivo da desapropriação.

"Mas não se tratava propriamente de *motivo aparente*, porque a destinação diferente pode ter ocorrido muito depois do ato de desapropriação, dando destinação diferente do motivo expresso, ou variante de sua destinação.

"O motivo teria sido 'construção de ginásio, piscina e parque infantil' e posteriormente teria sido dado em comodato a entidades privadas, ato, este, não consumado.

"A jurisprudência sobre a chamada retrocessão, ou, melhor, indenização por não cumprimento do ato expropriatório, tem sido vacilante, mas incontestavelmente aberto o terreno para mais amplo debate em torno do tema, inclusive admitindo desvios da finalidade da destinação, desde que atendido o interesse público.

"É por isso que a jurisprudência tem entendido que 'destino da coisa expropriada' deve compreender todas as finalidades de interesse social, e não somente as especificadas no decreto (*RT* 275/261), embora com outras características (RE n. 53.771, *RTJ* 39/495).

"A sua apreciação dependeria rigorosamente do exame de prova, mas a simples aplicação da tese nos levaria a uma solução que pode contornar essa dificuldade.

"Assim, admitido o recurso e decidindo-se que, ao contrário do que dispõe o acórdão recorrido, a destinação da cousa desapropriada pode ser outra que não aquela expressa no ato expropriatório, ter-se-á admitida a legitimidade da utilização do imóvel para fins de utilidade pública.

"Mas, no caso, não parece ter sido, na realidade, desvirtuada a utilização do imóvel, a não ser com a cessão de uma pequena parte a uma sociedade de tiro, mas também de fins recreativos. O resto, como se vê do documento de fls., teve destino próprio.

"O acórdão não entra na apreciação de prova, nem a ela se refere, mas afirma uma tese que contraria a jurisprudência quando diz *qualquer desvio* na destinação da cousa expropriada.

"Essa tese não pode ficar incólume à apreciação deste egrégio Tribunal, mormente quando não indica o acórdão recorrido o desvio na finalidade da desapropriação.

"Não afirmou o acórdão que tal alteração se tivesse verificado, e de tal forma que se caracterizasse o *desvio de poder*, com a análise da motivação do ato de desapropriação (v. Pierre Landon, *Le Recours pour Excès de Pouvoir Depuis 1954*, pp. 140 e ss.).

"Mas o que pretende o recurso impugnar é a tese do acórdão que não admite 'qualquer desvio na destinação da coisa desapropriada'.

"A doutrina e a jurisprudência não abonam a tese e permitem certa margem de tolerância, desde que o imóvel tenha tido o destino de interesse público e não desviado para atender a um interesse particular.

"Quanto a essa destinação, o acórdão se funda em razões de fato que desaparecem, como a questão da cessão de parte do terreno a entidade particular, aliás para realizar os mesmos objetivos do decreto de desapropriação, como se vê dos documentos juntos aos autos."

8.6 Ministério Público

O abuso de poder do Ministério Público pode ocorrer no exercício da ação penal ou no processo civil.

O Código de Processo Civil trata do Ministério Público no exercício do direito de ação, seja como parte ou fiscal da lei. Por isso, "o órgão do Ministério Público será civilmente responsável quando, no exercício de suas funções, proceder com dolo ou fraude" (CPC, art. 85).

Já no processo penal, onde a atuação do Ministério Público é mais intensa, destacando-se na denúncia, esta tem formalidades essenciais, que são pressupostos da garantia individual. Apesar da titularidade da ação penal, o Ministério Público não pode denunciar por capricho. O denunciar não caracterizará nenhuma ilegalidade. A denúncia pode ser formalmente irrepreensível mas fruto da imaginação do titular do Ministério Público. Então, ocorre, nesse caso, o abuso de poder, o mau uso do poder de denunciar. Lembra-se, a propósito, acórdão da lavra do eminente Orozimbo Nonato demonstrativo da falta de justa causa, apenas resultado de pura criação mental da acusação (HC 32.203). Em expressivo voto sobre o assunto enfocado, o Min. Víctor Nunes Leal demonstrou como pode ocorrer o abuso do poder de denunciar: "formular uma acusação, de que resulte um processo penal, sem que haja os pressupostos de direito, como também os pressupostos de fato, para a ação penal é caso, sem dúvida, de uso irregular do poder de denúncia, embora nem sempre fácil de demonstrar, porque o poder de denunciar não existe para atormentar as pessoas, para criar dificuldades aos seus negócios, para cercear sua liberdade de locomoção" (*RTJ* 35/530).

Por determinação legal, cabe ao Ministério Público (União) o controle para a prevenção e correção de abuso de poder (Lei Complementar 75, de 20.5.1993 art. 3º, "c") e promover a ação penal por abuso de poder (art. 9º, V).

8.7 *Expulsão e extradição*

Como decorrência do abuso de direito ou abuso de poder no plano internacional, verificamos esse aspecto na extradição de cidadão requerida por País estrangeiro.

A Constituição (art. 5º, LI e LII) impede a concessão da extradição de estrangeiro por crime político ou de opinião, e em qualquer caso a de cidadão brasileiro. Trata-se, evidentemente, de cautela contra o abuso de poder de requerer extradição.

O STF apreciou pedido de extradição onde se apontava abuso de poder para o pedido (caso "Beidas", Ext 270, *RTJ* 45/636). Também negou-se a extradição com a ocorrência de prescrição pela lei brasileira (Ext 250, Itália, *RTJ* 35/153), porque não seria plausível que a lei brasileira considerasse extinta a punibilidade, e não a lei estrangeira, e a extradição fosse concedida.

Na expulsão de cidadão estrangeiro pode ocorrer abuso de poder, por isso a Constituição de 1946 (art. 143) adotava certas precauções, indeferindo-a quando o cônjuge do expulsando fosse brasileiro e tivesse filho brasileiro dependente da economia paterna.

A jurisprudência do STF foi mais clara quando explicitou o impedimento de expulsão do estrangeiro casado com brasileira ou que tenha filho brasileiro dependente da economia paterna (Súmula 1), impedindo, mais, a expulsão do estrangeiro casado com brasileira que se encontra grávida (HC 29.873, *RT* 182/438) – vislumbrando-se, aí, mais a defesa da família. Aquelas restrições da CF de 1946 foram incorporadas à Lei 6.815/1980 (Estatuto do Estrangeiro), com a redação dada pela Lei 6.984/1981.

Quanto ao exame do mérito da expulsão, este não é vedado ao Poder Judiciário, porque vislumbrar-se-ia um abuso de poder do Presidente da República ao decretar a expulsão. Assim não se entendeu no HC 43.847 (*RTJ* 40/537), assinalando o eminente Min. Aliomar Baleeiro a impossibilidade do exame do mérito, ainda que tenha invocado a opinião de Orozimbo Nonato, para quem o STF pode invalidar o decreto de expulsão se manifesto o "desvio de poder", no ato disfarçando-se a satisfação de vingança ou interesse político. Também se decidiu pelo controle através do Poder Judiciário somente na eventualidade de abuso de poder nos HC 42.466 (*RTJ* 34/438), 42.462 (*RTJ* 35/127) e 41.913 (*RTJ* 32/480).

8.8 Abuso de autoridade

A Lei 4.898, de 9.12.1965, dispôs sobre o direito de representação nos casos de abuso de autoridade.

Considera como abuso de autoridade longo rol de fatos que sujeitam o autor às sanções administrativa, civil e penal.

Já a Constituição de 1891 (art. 72, § 9º) permitia, a quem quer que fosse, representar, mediante petição, aos Poderes Públicos, denunciando abusos das autoridades (João Barbalho, *Comentários* ao art. 72 § 9º; art. 113, 10, da Constituição de 1934).

Não se confundem os crimes de violência arbitrária e de exercício arbitrário ou abuso de poder (*RTJ* 54/36).

A falta de representação do ofendido não obsta à iniciativa ou ao curso da ação pública nos casos da Lei 4.898/1965 (Lei 5.249, de 9.2.1967) (*RTJ* 54/48).

A jurisprudência é abundante no exame do abuso de autoridade (*RF* 231/322, 228/291 e 226/318; *RT* 427/468, 425/324, 423/425 e 422/274; *RTJ* 62/267). A Lei 6.657, de 5.6.1979, acrescentou a alínea "j" ao art. 3º da Lei 4.498/1965, para considerar abuso de autoridade qualquer atentado aos direitos e garantias legais assegurados ao exercício profissional.

Outro aspecto do abuso de poder do Executivo refere-se ao veto. A Constituição Federal dá ao Presidente da República o poder de veto quando julgar projeto, aprovado pelo Congresso Nacional ou somente pelo Senado Federal, conforme a matéria, inconstitucional ou contrário ao interesse público.

A grande crítica a esse abuso de poder está no chamado "veto parcial". Já a Constituição de 1967 impedia a deturpação do veto parcial, para atingir palavras ou expressões (art. 62, § 1º) (Manoel Gonçalves Ferreira Filho, "O veto parcial no Direito Brasileiro", *RDP* 17/36, São Paulo, Ed. RT). A Constituição de 1988 retirou essa proibição (art. 66, § 2º).

Ao poder de iniciativa da lei conjuga-se o poder de emenda. É corolário. Por isso, esse poder é limitado nos mesmos parâmetros da iniciativa. Se a iniciativa é reservada, impossível torna-se a emenda. É da tradição legislativa inglesa essa restrição, tanto que Erskine May aponta caso de exclusividade do governo em matéria financeira, não se exercendo o poder de emenda (*Treatise on the Law, Proceedings and Usage of Parliament*, 1950, p. 677). No Brasil repete-se a mesma restrição quanto à iniciativa das leis de competência exclusiva do Presidente da República (CF, art. 61, § 1º, "a" e "b" – matéria financeira, criação de cargos, funções ou empregos públicos etc.).

Há, portanto, que se verificar a compatibilidade da emenda com o próprio poder de emendar, no caso específico. Não se examina a conveniência ou oportunidade, mas o alcance constitucional, para permitir a emenda (Livio Paladin, "Osservazione sulla discrezionalità e sul'eccesso di potere del legislatore ordinario", *Rivista Trimestrale di Diritto Pubblico*, p. 1.043).

A emenda, além de cabível, deve ser pertinente. A Constituição italiana (art. 81) impõe que a lei causadora de novas ou maiores despesas deve indicar os meios capazes de atender a elas, constituindo, assim, obstáculo à iniciativa parlamentar.

9
ABUSO DE PODER NO DIREITO COMPARADO

9.1 França. 9.2 Itália. 9.3 Portugal.

9.1 França

O excesso de poder figura mais em evidência no Direito Francês, porque é de capital importância no controle jurisdicional. Expressão sinônima de "incompetência", que possibilita recurso hierárquico que atingirá o Conselho de Estado na sua evolução recursal, é acentuada construção jurisprudencial a configuração do excesso de poder, que possibilitará a nulidade do ato administrativo, ficando abarcados nele a incompetência, violação da forma, desvio de poder e violação da lei (Seabra Fagundes, *O Controle dos Atos Administrativos pelo Poder Judiciário*, 4ª ed., p. 307).

O Conselho de Estado francês é órgão técnico e não político, participando das três funções do Estado, legislativa, executiva e judiciária, como juiz supremo da Administração.

Napoleão III facultou o acesso ao Conselho de Estado, datando daí as primeiras anulações de decisões administrativas inquinadas de excesso de poder. Desde 1872 o regime de justiça delegada substituiu o de justiça homologável. O Conselho cessou de emitir, em matéria contenciosa. Aí, tornou-se verdadeiro tribunal soberano. O recurso por excesso de poder (*pour excès de pouvoir*) permite anular os atos administrativos ilegais.

No Brasil, em 1823 criou-se o Conselho de Estado, adotando como modelo o *Conseil d'État*, instituição mantida pelo art. 137 da Constituição imperial, sendo suprimido pelo Ato Adicional (art. 32), mas restabelecido em 1841 (Lei 321, de 23 de novembro). Funcionava junto ao Imperador como assessor nos assuntos do Poder Moderador, do poder governamental da administração e da jurisdição administrativa graciosa e contenciosa, porém não exercia jurisdição autônoma, à semelhança do seu modelo.

Assegurada à Administração a discrição nos seus atos, alguns eram examinados pelo Conselho, como as questões de presas, os conflitos de atribuições, as questões de competência entre autoridades administrativas e os recursos por abuso das autoridades eclesiásticas (Pimenta Bueno, *Apontamentos sobre as Formalidades do Processo Civil*, p. 294). Interessa-nos particularmente o último caso, onde se encontra o abuso de poder. Era um recurso importante contra o uso abusivo da jurisdição eclesiástica. Segundo Pimenta Bueno, com sua autoridade de antigo membro do Conselho de Estado, este recurso funda-se na prerrogativa e obrigação natural e política que tem o soberano de proteger seus súditos e livrá-los das violências perpetradas. Cabia em qualquer causa judicial ou extrajudicial envolvendo autoridade, juízo ou instância eclesiástica, principalmente por excesso de poder, que envolve sempre abuso, na expressão de Pimenta Bueno.

Não há dúvida de que foi expressiva a colaboração do Conselho de Estado no Império Brasileiro, acentuando-se também a contribuição no exercício do veto e da sanção, porque antes do envio dos projetos à Assembleia eles eram aprovados pelo Imperador e pelo Conselho de Estado (João Camilo de Oliveira Tôrres, *O Conselho de Estado*, p. 57; Mário Casasanta, *O Poder de Veto*, p. 160).

9.2 Itália

O Direito Italiano recebeu a influência do Conselho de Estado francês no tocante ao *sviamento di potere* e ao *eccesso di potere*.

Obra mais da jurisprudência que da doutrina e da legislação, esses conceitos encontram no sistema jurídico italiano uma precisão diversa da francesa.

Configura-se a violação da finalidade do ato administrativo como uma das formas de excesso de poder, herdando do molde francês a expressão *sviamento di potere* (Zanobini, *Corso*, vol. II, p. 142; Cino Vitta, *Diritto Amministrativo*, vol. I, p. 426; Ranelletti, *Teoria degli Atti Amministrativi*, p. 80).

O escopo do *sviamento di potere* é o mau uso dos poderes atribuídos à Administração, que os emprega com fim diverso daquele para o qual o recebeu (Lessona, *Introduzione* ..., p. 87).

Afigura-se ter sido Orlando o lançador da teoria do *sviamento di potere*, como decorrência do *détournement du pouvoir* do Direito Francês, considerado como vício que desvia um poder legal do fim para o qual foi instituído (*Primo Trattato*, vol. III, 1903, p. 802).

Para Lessona, se o ato administrativo é portador de vícios jurídicos ou de legitimação, portanto contra o Direito, e se contrário às regras de boa administração, é formado de vícios administrativos (*Introduzione* ..., cit., p. 86).

Cretella Jr. apresenta-nos esquema enquadrando o "excesso de poder" e o *sviamento di potere* como formas de vícios de legitimidade (*Do Desvio de Poder*, São Paulo, 1964, p. 81). Não concordamos com o ilustre professor.

9.3 Portugal

No Direito Português os vícios do ato administrativo são os seguintes: a usurpação de poder e a incompetência; a violação de lei; o vício de forma; o desvio de poder. Acentuando Marcello Caetano que "todos esses vícios são originados ou na intenção de proceder contrariamente à lei ou em erro, de direito ou de fato, espontâneo ou provocado (dolo)" (*Tratado Elementar*, p. 255; v. também Arnoldo Wald, "O novo Código Civil português e o projeto brasileiro", *RF* 226/5, Rio de Janeiro, Forense).

A incompetência, a usurpação de poder, a violação de lei e o vício de forma surgem de equívoca interpretação da lei ou da inadequada aplicação a fatos ou situações que não estão sob a égide da norma legal.

A usurpação de poder consiste na incompetência do órgão administrativo para a ação de competência dos tribunais. Não se equipara à usurpação de função do nosso Código Penal (art. 328), porque esta é praticada por particular contra a Administração Pública, e aquela pelo funcionário público.

Na expressão de Marcello Caetano, "desvio de poder é o vício que afeta o ato administrativo praticado no exercício de poderes discricionários quando estes hajam sido usados com fim diverso daquele para que a lei os conferiu" (*Tratado Elementar* ..., cit., p. 264), considerando o desvio de poder uma espécie de ilegalidade (p. 265).

Esse conceito de desvio de poder não se adapta ao conceito de abuso de poder do Direito Brasileiro, porque seria despicienda a invocação constitucional da ilegalidade ou abuso de poder para a concessão de *habeas corpus* ou mandado de segurança.

Na definição acima dada pelo professor luso, o fim caracterizador do ato é diverso do conferido pela lei. Na concepção de abuso de poder há o exercício dentro dos limites legais, apenas houve o abuso de um poder discricionário. Mas o uso diverso somente poderá ser verificado pelo juiz ao observar o exercício desse poder. Por isso, acentuou-se que na "forma de desvio de poder, que, segundo Laun, é a violação intencional da regra do interesse público (abuso de poder), não é caracterizado um vício jurídico, mas um vício de moralidade administrativa, para empregar a expressão de Hauriou" (Afonso Rodrigues Queiró, "Desvio de poder em direito administrativo", in *Estudos de Direito Público*, vol. I, Lisboa, p. 57). Não há vício jurídico porque não há violação de lei ou ilegalidade, e sim mau uso – ou, melhor, uso abusivo do poder discricionário.

Por outro lado, não nos parece justa a observação desse monografista ao afirmar que o abuso de poder origina-se do desvio de poder através da violação dolosa da regra do interesse público (p. 57) (Castro Nunes, in *RDA* 42/455).

10
ABUSO DO PODER ECONÔMICO

Dentro do princípio da ordem econômica, a Constituição brasileira reprime o abuso do poder econômico (art. 173, § 4º). Este caracteriza-se pelo domínio dos mercados, pela eliminação da concorrência e pelo aumento arbitrário dos lucros. Por esses motivos, a Lei 4.137, de 10.9.1962 (que apontou as modalidades de abuso de poder econômico e seu combate, criando o Conselho Administrativo de Defesa Econômica/CADE), bem como a Lei 8.158, de 8.1.1991 (que instituiu normas para a defesa da concorrência), ambas revogadas pela Lei 8.884/1994 (que transformou o Conselho Administrativo de Defesa Econômica (CADE) em Autarquia e dispôs sobre a prevenção e a repressão às infrações contra a ordem econômica) e regulamentadas pelo Decreto 36, de 14.2.1991, instituíram normas para a defesa da concorrência (v. M. Seabra Fagundes, "Da intervenção do Estado na ordem econômica em face da Constituição Federal", *RF* 201/12, Rio de Janeiro, Forense; Paulino Jacques, "Breves considerações sobre os abusos do poder econômico no direito constitucional brasileiro", *Arquivos do Ministério da Justiça* 102/18; Miguel Reale, "Abuso do poder econômico", *RF* 248/13, Rio de Janeiro, Forense).

11
ABUSO DOS DIREITOS POLÍTICOS

A Constituição Federal suspende os direitos individuais ou políticos dos que abusem dos mesmos (art. 15, c/c art. 37, § 4º) (v. STF, RE 307.446, *RTJ* 181/409).

12
CONSEQUÊNCIAS DOS ATOS PRATICADOS COM ABUSO DE PODER

Quando a Constituição permite a qualquer cidadão propor ação popular para anular atos lesivos ao patrimônio de entidades públicas (art. 5º, LXXIII) abrange aí os atos praticados com abuso de poder que lesem o patrimônio dessas entidades públicas (Víctor Nunes, in *RDA* 3/70; Nelson Carneiro, "Ações populares civis no Direito Brasileiro", *RDA* 25/468; *RDA* 25/429).

A distinção a fazer-se entre a ação popular e o mandado de segurança como remédio constitucional para enfrentar o abuso de poder está na diferença no caráter subjetivo das consequências do ato. Isto é: se o abuso de poder atinge interesse particular, direito subjetivo, então, o mandado de segurança estará presente; ao passo que, se o interesse for coletivo, então, a ação popular é o remédio adequado. Por isso a Súmula 101 do STF não permite a substituição da ação popular pelo mandado de segurança (José Afonso da Silva, *Ação Popular Constitucional*, 2ª ed., São Paulo, Malheiros Editores, 2007, p. 93; v., sobre abuso na propositura de ação popular: Elival da Silva Ramos, *A Ação Popular*, p. 230).

Na Constituição encontramos os dois remédios básicos para obstar aos abusos de poder: o *"habeas corpus"* e o *mandado de segurança* (art. 5º, LXVII e LXIX) (Castro Nunes, in *RDA* 42/457, indicando o mandado de segurança como corretor do abuso de poder; Seabra Fagundes, *O Controle dos Atos Administrativos pelo Poder Judiciário*, 4ª ed., p. 273; Othon Sidou, *Do Mandado de Segurança*, 2ª ed., p. 73).

Ao lado dessas medidas, invoquemos também as ações cabíveis, e em especial aquela para o ressarcimento dos danos causados pelo abuso de poder.

De outro modo, o ato pode ser anulado quando praticado com abuso de poder (Hely Lopes Meirelles, *Direito Administrativo Brasileiro*, 37ª ed., São Paulo, Malheiros Editores, 2011, p. 208; José Cretella Jr., *Anulação do Ato Administrativo por Desvio de Poder*, Rio de Janeiro, Forense, 1978).

Em suma, invocamos Paul Roubier – "l'usage abusif d'un droit existe lorsque le titulaire de ce droit envisage moins l'avantage que cet exercice fut lui procurer que les vexations et les dommages que cela peut causer à son adversaire" (*Droits Subjectifs et Situations Juridiques*, 1963, p. 335).

A Constituição Federal instituiu a ação civil pública para a proteção do patrimônio público e social, do meio ambiente e outros interesses difusos e coletivos (art. 129, III), regulada pela Lei 7.347, de 24.7.1985.

BIBLIOGRAFIA BÁSICA

ABDO, Helena Najjar. *O Abuso do Processo*. São Paulo, Ed. RT, 2007.

ABREU, Jorge Manuel Coutinho de. *Do Abuso de Direito*. Coimbra, Almedina, 1983.

AMERICANO, Jorge. *Do Abuso de Direito no Exercício da Demanda*. São Paulo, Saraiva, 1932.

ANTUNES VARELA. "O Abuso de Direito no Sistema Jurídico Brasileiro", *Revista de Direito Comparado Luso Brasileiro* 1/37, Rio de Janeiro.

ARANTES, Tito. *Do Abuso do Direito e da sua Repercussão em Portugal*. Lisboa, s.n., 1936.

ARAÚJO, Francisco Fernandes de. *O Abuso do Direito Processual e o Princípio da Proporcionalidade na Execução Civil*. Rio de Janeiro, Forense, 2004.

BARBOSA MOREIRA, José Carlos (coord.). *Abuso dos Direitos Processuais*. Rio de Janeiro, Forense, 2000.

BARDESCO, Antoine. *L'Abus de Droit*. Paris, V. Giard, 1913.

BOULOS, Daniel M. *Abuso do Direito no Novo Código Civil*. São Paulo, Editora Método, 2006.

BRECCIA, Umberto, *et al*. "L'Abuso del Diritto". Revista *Diritto Privato* (número monográfico). Padova, CEDAM, 1998.

CAIO TÁCITO. *Direito Administrativo*. São Paulo, Saraiva, 1975.

_____. *Desvio de Poder em Matéria Administrativa*. Tese de Concurso, 1951.

_____. "O Abuso de Poder no Direito Administrativo no Brasil". *RDA* 56/1.

CALVO SOTELO, José. *La Doctrina del Abuso del Derecho*. Madrid, V. Suarez, 1917.

CAMPION, Louis. *La Théorie de l'Abus des Droits*. Paris, LGDJ, 1925.

CARPENA, Heloisa. *Abuso do Direito nos Contratos de Consumo*. Rio de Janeiro, Renovar, 2001.

CASTRO DUARTE, Teófilo de. *O Abuso do Direito e as Deliberações Sociais*. 2ª ed. Coimbra, Coimbra Editora, 1955.

CASTRO FILHO, José Olimpio de. *Abuso do Direito no Processo Civil*. Rio de Janeiro, Forense, 1960.

CONDORELLI, Epifanio. *El Abuso del Derecho*. La Plata (Argentina), Ed. Platense, 1971.

CRETELLA JUNIOR, José. *Do Desvio de Poder*. São Paulo, Ed. RT, 1964.

_____. *Anulação do Ato Administrativo por Desvio de Poder*. Rio de Janeiro, Forense, 1979.

CUNHA DE SÁ, Fernando Augusto. *Abuso do Direito*. Coimbra, Almedina, 1997.

CUNHA LUNA, Everardo da. *Abuso do Direito*. Rio de Janeiro, Forense, 1959.

FERNANDES NETO, Guilherme. *O Abuso do Direito no Código de Defesa do Consumidor*. Brasília, Brasília Jurídica, 1999.

GIORGIANNI, Virgilio. *L'Abuso del Diritto nella Teoria della Norma Giuridica*. Milão, Giuffrè, 1963.

GUSMÃO, Paulo Dourado de. "Abuso de Direito". Rio de Janeiro, *RF* 118/359.

KARIMI, Abbas. *Les Clauses Abusives et la Théorie de l'Abus de Droit*. Paris, LGDJ, 2001.

LIMA, Alvino. "Abuso de Direito". *RF* 116/26; Repertório Enciclopédico (Carvalho Santos, Org.), vol. I, Rio de Janeiro, Borsoi.

LIMONGI FRANÇA, Rubens. "Responsabilidade Civil e Abuso de Direito". *Revista de Associação dos Advogados de SP* 19, 1985.

MARINONI, Luiz Guilherme. *Abuso de Defesa e Parte Incontroversa da Demanda*. São Paulo, Ed. RT, 2007.

MARKOVITCH, Milivoïe. *La Théorie de l'Abus des Droits en Droit Comparé*. Paris, LGDJ, 1936.

MARTINS, Pedro Batista. *O Abuso do Direito e o Ato Ilícito*. Rio de Janeiro, Freitas Bastos, 1935.

MARTINS BERNAL, José Manuel. *El Abuso del Derecho*. Madri, Montecorvo. 1982.

MOLINA, Juan Carlos. *Abuso del Derecho, Lesión y Imprevision*. Buenos Aires, Astrea, 1969.

PINHEIRO, Rosalice Fidalgo. *O Abuso do Direito e as Relações Contratuais*. Rio de Janeiro, Renovar, 2002.

RODRIGUES ARIAS, Lino. *El Abuso del Derecho*. Buenos Aires, EJEA, 1971.

ROMANO, Salvatore. "Abuso del Diritto". *Enciclopedia del Diritto* I/161. Milão, Giuffrè, 1958.

ROSAS, Roberto. *Do Abuso de Poder*. Tese de Doutorado (UFRJ), Rio de Janeiro, 1968.

SESSAREGO, Carlos Fernández. *Abuso del Derecho*. Bueno Aires, Astrea, 1992.

SOUZA, Luiz Sérgio Fernandes de. *Abuso de Direito Processual*. São Paulo, Ed. RT, 2005.

STOCO, Rui. *Abuso do Direito e Má-fé Processual*. São Paulo, Ed. RT, 2002.

VAZ CERQUINHO, Maria Cuervo Silva e. *O Desvio de Poder no Ato Administrativo*. São Paulo, Ed. RT, 1979.

ÍNDICE ALFABÉTICO-REMISSIVO

(os números referem os capítulos e os itens)

Abuso de autoridade, **8.8**
Abuso de direito, **2**
– Aspectos, **3**
Abuso de direito e abuso de poder, **5**
Abuso de poder caracterizado como circunstância agravante da pena, **7.2.1**
Abuso de poder e abuso de direito, **5**
Abuso de poder no direito comparado, **9**
– França, **9.1**
– Itália, **9.2**
– Portugal, **9.3**
Abuso do poder eclesiástico, **7.7**
Abuso do poder econômico, **10**
Abuso do poder nos atos do Ministério Público, **8**
Abuso do poder nos atos dos Poderes Executivo e Legislativo, **8**
Abuso dos direitos políticos, **11**
Ação civil pública, **12**
Ação penal, **7.3**, **8.6**
Acionista minoritário, **3.7**
Advogado, **3.1**, **3.5**
Alimentos, **3.3**
Arresto, **3.1**

Ato administrativo, **7.1, 9.1, 9.2, 9.3, 12**
Ato ilícito, **2.1, 5**
Atos praticados com abuso de poder – Consequências, **4, 12**
Aumento da pena em decorrência do abuso de poder, **7.2.3**
Autoridade eclesiástica, **7.7**
Autoridade policial, **7.2.4**
Aval, **3.7**

Cambial, **3.4**
Cláusula penal, **3.6**
Cobrança excessiva, **3.6, 4**
Colisão de direitos, **2.2**
Comissões Parlamentares de Inquérito/CPIs, **8.4**
Comodato, **3.6, 8.5**
Condomínio, **3.2**
Consequências dos atos praticados com abuso de direito, **4, 12**
Consumidor, **3.7, 3.10**
Contrato de mediação, **3.6**
Contrato de trabalho, **3.9**
Contratos, **3.6**
Cooperativa, **3.7**
Crime cometido com abuso de poder e as penas restritivas de direitos, **7.2.2**
Crime praticado com abuso de poder na órbita da Administração, **7.2.4**

Dano moral, **3.6**
Demanda, **3.5, 3.6**
Desapropriação, **8.5**
Desvio de poder, **5**
"Détournement de pouvoir", **3.6, 5**

Direito administrativo, **7.1**
Direito autoral, **3.4**
Direito comercial, **3.7**
Direito de demandar, **3.1**
Direito de família, **3.3**
Direito de propriedade, **3.2**
Direito do consumidor, **3.10**
Direito e poder, **1**
Direito eleitoral, **7.5**
Direito internacional, **7.6**
Direito na propriedade, **3.2**
Direito penal, **7.2**
Direito processual, **7.3**
Direito tributário, **7.4**
"Disregard doctrine", **3.7**
Domicílio (fixação), **3.3**

Estado de Defesa, **8.2**
Estado de Sítio, **8.2**
Exercício anormal do direito, **2.1**, **3.8**, **5**
Exercício da Advocacia, **3.5**
Exercício regular do direito, **2.1**
Expulsão, **8.7**
Extradição, **8.7**

Fiança, **3.6**

Greve, **3.9**
Guarda de filhos, **3.3**

"Impeachment", **8.3**

Incorporações, **3.2**
Indenização, **4**
Intervenção federal, **8.1**

Letra de câmbio, **3.7**
Licitação, **7.1**
Lide temerária, **3.1**
Limites do abuso de poder, **6**
Locação, **3.8**

Mediação, **3.6**
Ministério Público, **8.6**

Poder
— *aquisição*, **1**
— *exercício*, **1**
Poder de polícia, **7.1, 7.3, 7.4**
Poder discricionário, **7.1, 7.3, 9,3**
Poder discricionário e poder de polícia, **7.1**
Poder eclesiástico, **7.7**
Poder familiar, **3.3**
Poder tributário, **7.4**
Prejuízo, **2.1, 3.1, 3.2, 3.3, 3.5-3,7, 4, 5, 7, 7.2.4**
Propriedade, **3.2**
Propriedade industrial, **3.4**
Protesto, **3.7, 4**
Purgação da mora, **3.8**

Responsabilidade civil, **4**
Responsabilidade civil do Estado, **4, 5**
Retomada do imóvel, **3.8**

Silêncio, **3.1**
Sociedade anônima, **3.7**
Sociedade por ações, **3.7**

Título de crédito, **3.7**
Tributo, **7.2.4**, **7.4**

01013

GRÁFICA PAYM
Tel. (011) 4392-3344
paym@terra.com.br